SNA 17310

W0033316

Gemeindebücherei Hofkirchen i.Mkr.
Buch makuliert
und ausgeschieden am: 1 9. MAI 2024

SNA / NEL
Der Welt-Geist...

17310
Gemeindebücherei Hofkirchen

24

DER WELT-GEIST

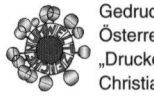

Gedruckt nach der Richtlinie des
Österreichischen Umweltzeichens
„Druckerzeugnisse",
Christian Theiss GmbH, Nr. 869

Roger D. Nelson
Georg Kindel:
Der Welt-Geist

Alle Rechte vorbehalten
© 2018 edition a, Wien
www.edition-a.at

Cover: JaeHee Lee
Gestaltung: Lucas Reisigl

Gesetzt in der Premiera
Gedruckt in Österreich

2   3   4   5   6   —   21   20   19   18

ISBN 978-3-99001-250-5

ROGER D. NELSON
GEORG KINDEL

DER WELT-GEIST

Wie wir alle miteinander
verbunden sind

edition a

INHALT

PROLOG

Dieses Buch ist eine Momentaufnahme der Wissenschaft an der Grenze dessen, was wir über das Menschsein am Ende der zweiten Dekade des 21. Jahrhunderts wissen. Es befasst sich in erster Linie mit dem Bewusstsein – was paradoxerweise der intimste Aspekt unserer persönlichen Welt ist und der schwierigste und herausforderndste, mit dem unser wissenschaftliches Verständnis konfrontiert ist.

Der Hintergrund, von dem wir ausgehen, ist die sorgfältige und präzise jahrzehntelange Forschung an der *Princeton University* im *Princeton Engineering Anomalies Research Labor* (PEAR) über außergewöhnliche, kaum bekannte Aspekte des menschlichen Bewusstseins. Die Experimente zeigen, dass unser Bewusstsein fähig ist, Raum und Zeit zu überwinden, um sich mit einem anderen Bewusstsein auszutauschen oder subtile Aspekte unserer Welt zu verändern, ob durch Heilung oder die Beeinflussung des Verhaltens von Zufallszahlengeneratoren.

Unsere Forschung war bahnbrechend und wegweisend, baute aber auch auf jener anderer Wissenschaftler auf, die die Neugier und den Mut hatten – angesichts der Gegner und Tabus – nach neuen Wegen zu suchen, das Unsichtbare in unserer Welt sichtbar zu machen.

Es spiegelt auch die Weisheit alter Kulturen und Zeitalter wider, die uns gelehrt haben, dass unsere Welt, aber auch unser gesamtes Universum, ein einheitliches Ganzes ist.

Dass Weisheit in den letzten Jahrhunderten ihre Hochs und Tiefs hatte, als die moderne Welt begann ihren Anspruch zu behaupten, alles zu verstehen, zeigte sich in den letzten hundert Jahren in einem zunehmenden Vertrauen in die Naturwissenschaften. Zusammen mit sich rasant entwickelnden Technologien hat die Wissenschaft ein Weltbild erzeugt, in dem wir leben oder – korrekter ausgedrückt – in dem wir glauben zu leben. Es sagt nicht viel über Bewusstsein aus, wahrscheinlich weil dieser intimste Aspekt unseres Lebens mit den traditionellen und normalerweise erfolgreichen Mitteln der heutigen Wissenschaft immer noch schwer begreifbar ist.

Wie können wir Gedanken und Emotionen mit Mitteln erfassen, die entwickelt wurden, um Masse und Geschwindigkeit zu messen? Selbst die Mittel der Medizin und der psychologischen Wissenschaften wie jene, die elektrische Felder erkennen und den Energieverbrauch im Gehirn messen können, scheitern, wenn es darum geht, die Quellen unserer Kreativität oder die Dimensionen unserer mentalen Welt zu verstehen.

Für dieses Buch haben wir mit führenden Vordenkern, Wissenschaftlern, Philosophen und Pionieren, die sich damit beschäftigen, gesprochen und ihnen Fragen gestellt, beginnend mit der wichtigsten und gleichzeitig komplexesten: »Was ist Bewusstsein?« Ihre Antworten waren wertvoll und, wie wir glauben, aufschlussreich.

Vor dem Hintergrund des *Global Consciousness Project*, das durch seine Forschungsergebnisse wissenschaftlich belegt, wie Zufallsdaten beeinflusst und verändert werden, wenn Millionen Menschen gemeinsame Emotionen teilen, vereint diese Wissenschaftler und außergewöhnlichen Persönlichkeiten ein gemeinsames Verständnis: Bewusstsein ist fundamental.

Es ist nicht eine nebensächliche Ausstrahlung des Gehirns, sondern es ist zweierlei: Nicht nur Teil des physikalischen Substrats aus Neuronen und Synapsen, die vom Schädel geschützt werden, sondern – und das ist das Einzigartige – auch völlig unabhängig davon.

Diese Erkenntnisse, die wir Ihnen in diesem Buch präsentieren, sind weitreichend und beinhalten neue Informationen, die viele überraschen werden, wahrscheinlich auch Sie.

Dieses Buch ist eine Sammlung von wissenschaftlichen und philosophischen Erkenntnissen und Perspektiven, die aussagekräftig sind, wenn es um die Frage geht, wer wir sind und was uns kreativ und zur selben Zeit zerstörerisch macht.

Wir verfassen dieses Buch zu einer Zeit, die zu Recht als kritisch bezeichnet wird. Die Entscheidungen, die die Menschheit im Jahr 2018 und in den wenigen folgenden Jahren treffen wird, und die Wege, die wir gehen, werden über das Schicksal unserer ganzen Welt entscheiden. Wir sind an einem Wendepunkt angelangt, wo unser gesamtes System zu kippen droht, an dem wir also weise entscheiden müssen, welchen der möglichen Wege wir wählen.

Unsere Welt, wie wir sie kennen, verändert sich rasant, und jedes Zeitalter hat seine Krisen. Die Veränderungen, vor denen wir nun stehen und die wir beeinflussen können, werden jedoch darüber entscheiden, ob unser Lebensraum, die Biosphäre, vergehen und sterben wird – uns Menschen mit eingeschlossen –, oder ob die Noosphäre real wird, die Pierre Teilhard de Chardin eine Hülle der Intelligenz für unseren Planeten nannte.

Weil wir alle miteinander verbunden sind, haben wir Menschen die Fähigkeit, das Leitbild der Evolution zu werden, in jenem Sinn, dass wir bewusste Akteure des Wandels sein können und sollten: Hin zu einer absichtsvollen Kraft, die von den Prinzipien des Mitgefühls und der Liebe geführt wird.

Unser Schicksal wie es die Weisen unserer Vorfahren sahen und, wie Sie in diesem Buch sehen werden, auch viele unserer vorausschauenden Zeitgenossen, liegt in der bewussten Evolution. Wenn wir unser volles Potenzial als menschliche Wesen ausschöpfen wollen, werden wir erkennen, dass wir als Spezies Mensch alle durch ein globales Bewusstsein verbunden sind. Wir müssen nur Teil dessen sein wollen und unseren Platz in diesem wichtigen Zusammenwirken einnehmen. Dieses Buch soll Ihnen Ermutigung und Anleitung sein für die nächste Stufe unserer Evolution.

Wir sind der Welt-Geist.

Roger Nelson und Georg Kindel,
Princeton, New Jersey, USA, und Wien, Österreich, im Februar 2018

DANK

Die Autoren danken folgenden Wissenschaftlern, Experten und Persönlichkeiten für die Unterstützung bei der Arbeit an diesem Buch sowie die Bereitschaft zu ausführlichen Interviews:

Dr. Peter Bancel, Experimentalphysiker, Analyst, *Global Consciousness Project*, Paris, Frankreich

Alison Goldwyn, Gründer und CEO, *Synchronistory*, München, Deutschland

Prof. Dr. Ervin László, Gründer und Präsident des *Club of Budapest*, Direktor und Mitgründer des *Laszlo New-Paradigm Leadership Center*, Budapest, Ungarn

Prof. Dr. Rollin McCraty, Forschungsdirektor, *HeartMath Institute*, Boulder Creek, Kalifornien, Professor an der *Florida Atlantic University*, USA

Lynne McTaggart, Bestsellerautorin, New York, USA und London, Großbritannien

Greg Nelson, Director of Technology, *Global Consciousness Project*, Ithaca, New York, USA

Prof. Dr. David Orme-Johnson, Professor für Psychologie, *Maharishi University of Management*, Fairfield, Iowa, USA

Dr. Dean Radin, Forschungsdirektor, *Institute of Noetic Sciences* (IONS), Petaluma, Kalifornien, USA

Stephan A. Schwartz, *William James Center for Consciousness Studies, Sofia University*, Palo Alto, Kalifornien, USA

Francesca Tuzzi, Gründer und CEO *The Circle of Life*, Triest, Italien

Dr. George Williams, Economist, *Federal Communications Commission*, USA

Die Autoren danken weiters Claudia Huber für die perfekten Transkriptionen.

Das *Global Consciousness Project* ist das Ergebnis eines großen Teams an Wissenschaftlern, Mitarbeitern und ehrenamtlichen Helfern, denen wir dankbar sind. Eine lange Danksagungsliste mit weiteren Informationen können Sie im Internet unter *global-mind.org/programming.html* und *global-mind.org/contributions.html* finden.

Zu Beginn haben Robert Jahn, Brenda Dunne und der Rest des *PEAR Lab* an der *Princeton University* das nötige Umfeld geschaffen, in dem das *Global Consciousness Project* gedeihen und Erfolg haben konnte.

Für das Projekt selbst geht mein großer Dank an zahlreiche besondere Menschen, die ihren Beitrag zum Design, zur Planung und Umsetzung des *Global Consciousness Project* geleistet haben: Dick Bierman, John Walker, Greg Nelson, Dean Radin, Marilyn Schlitz, Jiri Wackermann, Stephan Schwartz, Charles Overby, Paul Bethke, Dale, Brad Anderson, Marjorie Simmons, William Treurniet und Bryan Williams. Eine andere außerordentliche Gruppe umfasste Richard und Connie Adams, Tony Cohen, René Post und Justine Smithuis, Hans Wendt, die *Lifebridge Foundation*, das *Institute of Noetic Sciences* und weitere Personen, die dem *Global Consciousness Project* durch ihre finanzielle und logistische Unterstützung sehr geholfen haben.

Wir stehen weiters bei allen *EGG (ElectroGaiaGram) Hosts* in großer Schuld, insgesamt mehr als 150 Personen rund um den Erdball, die in den weltweiten *Global Consciousness Project*-Netzwerk-Stützpunkten unsere Zufallsgeneratoren seit mittlerweile beinahe zwei Jahrzehnten warten und pflegen. Ohne ihr Engagement wäre ein solches weltweites Netzwerk nie möglich gewesen.

Roger Nelson

Zu guter Letzt sind wir unseren außergewöhnlichen Frauen sehr dankbar, Reinhilde Nelson und Christina Zappella-Kindel, für ihre Unterstützung, ihre redaktionellen Empfehlungen und vor allem für ihre unermüdliche Geduld und ihr Verständnis.

Für Clara und Lorenzo, meine Kinder, die mich den Welt-Geist tagtäglich spüren lassen.

Georg Kindel

GOODBYE ENGLAND'S ROSE

Der Tag, an dem Prinzessin Diana starb

Eine Welt vereint in Trauer:
Wie Milliarden Menschen ihre Gefühle synchronisierten

Der 30. August 1997 war ein warmer Sommertag in New Jersey. Es hatte zu Mittag 27 Grad Celsius, ein leichter Südwestwind mit knapp 10 Stundenkilometern sorgte für eine frische Brise, und jetzt, am Abend, ging das Thermometer auf angenehme 18 Grad zurück. Ich saß an meinem Schreibtisch und schrieb an einem Manuskript zum Thema Gruppenbewusstsein für das kalifornische Esalen-Institut für interdisziplinäre Studien. Es gab damals eine eigene Forschungsgruppe für Heilungswechselwirkungen und feinstoffliche Energien, der ich 1993 beigetreten war.

Das Besondere an Esalen war, dass nicht nur Wissenschaftler, sondern Persönlichkeiten aus allen gesellschaftlichen Bereichen zusammentrafen und sich austauschten: von der Folksängerin und Bürgerrechtlerin Joan Baez über Chemie-Nobelpreisträger Linus Pauling, Schriftsteller Gary Snyder, dem Gründervater der Beat Generation, bis zu Harvard-Professor Richard Alpert, der mit bewusstseinserweiternden Drogen experimentierte. Bob Dylan trat in Big Sur, wo das Esalen-Institut beheimatet war, auf, Robert Rauschenberg malte, Allen Ginsberg dichtete.

Meine Frau Reinhilde, die aus Deutschland stammt, und ich hatten gerade mit unseren Gästen, einer deutschen Cousine und ihrer Freundin, zu Abend gegessen, sie brachte die Küche in Ordnung, während unsere Gäste im ersten Stock vor dem Fernseher saßen. Es war kurz vor acht Uhr abends, als Monika und Margot in mein Arbeitszimmer gelaufen kamen und aufgeregt sagten, es sei etwas Schreckliches passiert:

Prinzessin Diana sei bei einem Autounfall in Paris schwer verletzt worden, ihr Zustand sei dramatisch, Näheres wisse man noch nicht. Ich ging ins Wohnzimmer, nahm die Fernbedienung und schaltete auf CNN. In Paris war es zu diesem Zeitpunkt bereits fast zwei Uhr früh am 31. August, die TV-Sender hatten bereits ihre Kameras vor der weiträumig abgesperrten Pont de l'Alma platziert, jener Brücke über die Seine, in deren Tunnel sich der Unfall ereignete.

Ich holte Reinhilde. Sie sagte nur einen Satz: »Um Gottes Willen.« Wir setzten uns alle auf die Couch und starrten auf den Fernsehschirm. Diana war anscheinend im Rettungswagen wiederbelebt worden, der nun mit Polizeibegleitung in das Krankenhaus Pitié-Salpêtrière raste.

Menschen auf der ganzen Welt versammelten sich, um für sie zu beten

Ich hatte das Leben von Diana, der Prinzessin von Wales, nicht wirklich verfolgt, wie dies Millionen Menschen weltweit tagtäglich taten. Sie war eine außergewöhnliche Frau, eine starke Persönlichkeit, die sich gegen das Zeremoniell am britischen Hof stellte, mit ihrem Ehemann, dem britischen Thronfolger Prinz Charles, keine Scheinehe führen wollte und die als Erste im Hause Windsor brillant verstand, wie man die Medien für sich instrumentalisieren kann. Vor allem aber war sie eine Persönlichkeit, die ihre Popularität nutzte, um sich für wichtige humanitäre Projekte wie die Verbannung von Landminen einzusetzen. Die Menschen liebten sie, umso mehr löste ihr tragischer Unfall nun Angst, Trauer und eine Welle von Emotionen aus.

Die Nachrichten wurden kontinuierlich dramatischer. Es sähe »nicht gut aus«, sagte der Reporter vor Ort. Während Prinzessin Diana noch um ihr Leben kämpfte, sah man bereits Bilder aus aller Welt, in denen sich Menschen an verschiedenen Plätzen versammelten, für sie beteten, Blumen hinterlegten und Kerzen anzündeten. In dieser Situation zwischen Angst und Hoffnung wurde mir klar, dass dies einer jener raren Momente sein muss, wo die ganze Welt vereint ist in ihrer Sorge um eine außergewöhnliche Frau.

Seit meinen ersten Experimenten am PEAR – dem *Princeton Engineering Anomalies Research Lab* – an der *Princeton University*, das all jene Phänomene mit wissenschaftlichen Methoden erforschen sollte, die man rational nicht erklären kann, war ich überzeugt, dass es ein globales Bewusstsein gibt, das Menschen vereint. In außergewöhnlichen Situationen ist es eindeutig messbar. Wenn, dann war genau jetzt der Augenblick gekommen, um dieses globale Bewusstsein wissenschaftlich nachweisen zu können. Dianas Tod und ihr Begräbnis sollten Menschen rund um den Erdball vereinen in einem gemeinsamen Gefühl von Liebe und Mitleid, das es in einer solchen Dimension und Intensität in der Geschichte nur selten gegeben hat. Ich kontaktierte sofort verschiedene Kollegen in Europa und den USA, die so wie ich mit Zufallszahlengeneratoren arbeiteten. Wir beschlossen in den nächsten Tagen ein eigenes Protokoll auszuarbeiten, um formal zu untersuchen, ob unsere Zufallsgeneratoren ein starkes globales Bewusstsein messen können, wenn Millionen Menschen während des Begräbnisses synchronisiert und vereint sind. Am Tag des Begräbnisses würden wir zwölf Zufallsgeneratoren in den USA und Europa im Einsatz haben, die durchgehend Sequenzen von Zufallsdaten messen sollten. Diese Daten würden am PEAR zusammenlaufen und von uns ausgewertet werden.

Eine Maschine beweist:
Wir sind alle miteinander verbunden

Was kann uns ein Zufallszahlengenerator – kurz Zufallsgenerator – über die Existenz eines globalen Bewusstseins sagen? Eine Menge. Ein Zufallsgenerator ist eine unbestechliche Maschine, die bei der von uns verwendeten Methodik nur zwei Zahlen kennt – 0 und 1 – und sich jede Sekunde hundert- oder tausendfach für eine der beiden Möglichkeiten entscheidet. Die Wahrscheinlichkeit, ob 0 oder 1 kommt, lässt sich mathematisch-statistisch eindeutig berechnen und liegt unweigerlich immer bei 50:50. Dies bedeutet: Bei einem Zufallsexperiment mit zwei gleich wahrscheinlichen Elementarereignissen ist die Wahrscheinlichkeit für jedes Ereignis gleich. Das ist, wie wenn Sie eine Ein-Euro-Münze werfen: Machen Sie es oft genug, also tausende Male, wird letztendlich immer gleich häufig die Eins kommen wie der Bundesadler. Nach diesem Prinzip arbeitet ein Zufallsgenerator.

Weichen wie bei Dianas Begräbnis die Ergebnisse davon ab – und zwar nicht nur bei ein oder zwei Geräten, sondern bei einem Dutzend Zufallszahlengeneratoren in Europa und den USA, die nicht miteinander verbunden sind, was eigentlich nicht passieren dürfte – so muss es Gründe dafür geben. Diese Abweichungen konnten wir schon bei unseren Experimenten in Princeton messen, allerdings machten wir dort meist Experimente mit einer einzelnen Testperson.

Es gibt verschiedene Modelle von Zufallsgeneratoren. Wir verwendeten damals ein Gerät, das in einem hellgrauen quadratischen Gehäuse montiert und so groß wie ein Umzugskarton war. Es basiert auf einem Quantenprozess namens *Electron Tunneling*, um unvorhersehbare Spannungspegel zu erzeugen, die wir abtasten können, um so zufällige Bits zu erhalten. Die elektronische Schaltung ist so ausgelegt, dass Strom gegen eine Halbleiterbarriere (einen Schalter) in einer Diode gezwungen wird, und Quantenelektronentunneln ermöglichen, dass ein kleiner Teil der Elektronen diese Barriere durchdringt. Das Ergebnis ist eine kleine, zufällig variierende Spannung, die wir in Sequenzen von 1 und 0 Bits umwandeln. Ein solcher Generator ist wie ein High-Speed-Münzwerfer, der statistischen Kriterien für reinen Zufall entspricht.

Eine weitere Funktionsweise von Zufallsgeneratoren ist den radioaktiven Zerfall gewisser Nuklide mit dem Geigerzähler zu messen. Jedes Nuklid hat seine ganz charakteristischen Eigenschaften, die man präzise kennt, jedoch ist der Zeitpunkt des Zerfalls zufällig. Die Zeitspanne beim Zerfall eines radioaktiven Nuklids hat aber immer den gleichen Mittelwert, auch Halbwertszeit genannt. Gibt es hier Abweichungen in der Summe der Zufallsabfolgen, die nicht sein dürften, kann man sie messen.

Diese Zufallsgeneratoren, die wir verwendeten, liefern tatsächlich völlig zufällige Ergebnisse, anders als Computerprogramme, die anscheinend zufällige Zahlen aufgrund vorgegebener Algorithmen produzieren. Weil ihnen aber immer eine mathematische Formel und ein Algorithmus zugrunde liegt, nennt man sie auch Pseudozufallszahlengeneratoren, denn sie sind letztendlich nicht zufällig.

Kann der Mensch durch seinen Geist
Maschinen beeinflussen?

Wir wollten lange vor den ersten Entwicklungen im Bereich der *Artificial Intelligence* – also intelligenter Maschinen – wissen, ob man alleine mit der Kraft der Gedanken, des Geistes eine solche unbestechliche Maschine beeinflussen kann – etwas, das rational eigentlich nicht möglich sein dürfte.

Also begannen wir in Princeton schon Jahre vor Prinzessin Dianas Tod eine Versuchsanordnung zu entwickeln, wo in einem völlig abgeschirmten Raum, dem *REG Room* (REG ist die englische Abkürzung für Random Event Generator), ein Zufallsgenerator stand, völlig autark, ohne jede Verbindung nach außen oder sonstige Einflüsse. Einen oder zwei Meter davon entfernt setzten wir eine Versuchsperson mit der Aufgabe, nur durch die Kraft ihrer Gedanken dieses Gerät, mit dem die Versuchsperson nicht verbunden war, zu beeinflussen.

Die Idee war nicht neu. Bereits in den 1940er- und 1950er-Jahren gab es erste Versuche, und in den 1960er-Jahren erfand der deutsch-amerikanische Physiker Helmut Schmidt, der in Göttingen Mathematik studierte und in Köln in Physik promovierte, die nach ihm benannte Schmidt-Maschine, einen der ersten Zufallsgeneratoren der Welt. Obwohl er an Universitäten in Deutschland, den USA und Kanada lehrte und den möglichen Einfluss unseres Bewusstseins auf Maschinen als Erster nachwies, wurde er gerne als »Parapsychologe« abgetan. Sein Generator beruhte noch auf dem zufälligen Zerfall der Atome des radioaktiven Elements Strontium. Die Idee kam ihm, als er für Boeing arbeitete. Damals waren Zufallsgeneratoren ein wichtiger Teil von Flugzeuginstrumenten. Schmidt stellte fest, dass sie nicht immer zufällige Ergebnisse lieferten, wahrscheinlich deshalb, weil er an sie dachte und sich wünschte, dass sie andere Ergebnisse anzeigten. Er hat seine Forschungen nie wirklich publiziert, aber er kam zum Schluss, dass wenn er diese Ergebnisse 1-0-1-0 ändern wollte, er es rein durch seine mentale Kraft meist auch konnte. Seine Arbeiten waren wissenschaftlich fundiert, aber erforderten eine unabhängige Wiederholung. Ich traf Helmut Schmidt zweimal in Princeton und wir konnten sehen, dass sein Ansatz richtig war.

Das fand auch der Dekan der *School of Engineering* an der *Princeton University*, Robert G. Jahn, der schließlich beschloss, eine High-Tech-Version dieser Versuche durchzuführen. Princeton hatte die Ressourcen, das Equipment und das nötige Geld, um solche Experimente auf höchstem wissenschaftlichen Niveau zu machen.

Das PEAR Lab:
Flugzeugbauer James McDonnell als erster Unterstützer

In den USA greifen wissenschaftliche Einrichtungen – auch von Eliteuniversitäten – so wie Museen gerne auf finanzielle Mittel von Mäzenen, Sponsoren und Spendern zurück, um ihre Arbeit effizient machen zu können. Der erste große finanzielle Support für das PEAR Lab kam von James Smith McDonnell, jenem legendären amerikanischen Flugzeugkonstrukteur und Geschäftsmann, der McDonnell Douglas zu einem der führenden Flugzeugbauer der Welt und einem Milliardenkonzern machte, bis das Unternehmen 1997 mit Boeing fusionierte. McDonnell wollte unsere Welt zu einer besseren machen und förderte mit seiner gleichnamigen Stiftung weltweit unterschiedlichste wissenschaftliche Forschungen. Insgesamt 347 Millionen Dollar an Fördermitteln stellte die *James S. McDonnell Foundation* seit ihrer Gründung Forschungseinrichtungen zur Verfügung. McDonnell war von unseren Ansätzen begeistert und hielt es für wichtig, die »positiven Effekte unseres Bewusstseins« zu untersuchen. Ihn interessierte speziell, welchen Einfluss unser Bewusstsein auf sensitive Instrumente haben könnte, wie man sie im Cockpit eines Flugzeuges findet.

Um sich einen Überblick verschaffen zu können, besuchte Robert G. Jahn alle möglichen wissenschaftlichen Konferenzen, speziell auch im Bereich Psi – ein Kürzel, das nicht nur der 23. Buchstabe des griechischen Alphabets ist, sondern auch Anfangsbuchstabe des Wortes ψυχή, das für Psyche, Geist, Seele und Gedanken steht. Der österreichische Biologe Berthold Wiesner prägte den Begriff erstmals in den 1940er-Jahren. Er ist Synonym für außersinnliche Wahrnehmungen, darunter Präkognition, also die Fähigkeit, in die Zukunft sehen zu können und die Telepathie, die Fähigkeit, mit anderen auch über große Distanzen ohne Hilfsmittel zu kommunizieren. Bei der jährlichen Tagung der *Parapsychological Association* traf Jahn auf Brenda Dunne, die am Kongress einen Vortrag über Remote Viewing hielt, Fernwahrnehmung. Jahn war so begeistert, dass er sie gleich als Labormanagerin anheuerte.

Schließlich stieß ich dazu. Wir waren von Beginn an ein multidisziplinäres Team. Der Ingenieur John Bradish kam ebenso an Bord wie der Astrophysiker York Dobyns und der Philosoph Arnold Lettieri. Über die Jahre kamen noch andere Experten dazu und viele Studenten als Praktikanten.

Unser Ziel war die Erforschung nicht erklärbarer Phänomene mittels wissenschaftlicher Methoden und die Erforschung der Fähigkeiten des menschlichen Bewusstseins. Wir wollten zeigen, wie man mit Intention, also Absicht, physikalische Systeme verändern kann. Dazu entwickelten wir im Laufe der Jahre eine Vielzahl von Versuchsanordnungen, von denen Sie in diesem Buch mehr erfahren werden.

Der Nachfolger des PEAR:
Das Global Consciousness Project

Die wichtigste Versuchsreihe von Beginn an waren Experimente mit Zufallsgeneratoren, die auch zum wichtigsten Instrument bei dem von mir in Folge gegründeten *Global Consciousness Project* wurden, das ich die letzten eineinhalb Jahrzehnte leite. Ich konzentrierte mich auf sieben verschiedene Arten von Ereignissen, deren globale Auswirkungen ich im Laufe der Jahre erforschte:

- Terrorangriffe und Krieg
- Naturkatastrophen
- Feste und Feiern
- Mitgefühl und Empathie
- Kosmische und soziale Entrücktheit
- Starkes Interesse
- Bewusste Konzentration

Nicht nur dramatische Ereignisse, auch Momente der Freude können zu einer globalen Verbindung des Bewusstseins führen. Die Fußball-Weltmeisterschaft in Brasilien, als Mario Götze am 13. Juli 2014 in der Verlängerung im Maracanã-Stadion mit einem Drehschuss ins lange Eck des argentinischen Torwarts Deutschland zum Fußballweltmeister machte, war ein solcher Moment, bei dem die Zufallsgeneratoren weltweit ausschlugen und die darauffolgenden 45 Minuten Werte lieferten, die von der Norm abwichen.

Das *Global Consciousness Project* (GCP) entstand aus der Idee, die Feldversuche, die wir mit dem PEAR machten und die wir FieldREG-Versuche nannten, das heißt Messungen außerhalb der Laboratmosphäre, auf eine größere Basis zu stellen. Die FieldREG-Experimente waren ein Schritt, der individuelles, Gruppen- und globales Bewusstsein miteinander verknüpfte. Wir wollten erforschen, ob es ein Bewusstseinsfeld gibt, und bauten technische Geräte, um dieses nachzuweisen.

Anders als im Labor, wo die Versuchspersonen durch ihre Intention Anomalien in den Zahlenreihen der Zufallsgeneratoren erzeugen sollten, wollten wir mit dem FieldREG einfach messen, ob Ereignisse ohne bewusste Konzentration auf das Gerät die Ergebnisse von Zufallsgeneratoren verändern können. Also setzten wir die Geräte bei Konzerten ebenso ein wie bei Messen in Kirchen, bei Meditationen, Ritualen und Zeremonien, wo Menschen als Gruppe Gefühle und Emotionen miteinander teilen, und – gleichsam als Kontrollgruppe – dort, wo wir dies nicht erwarteten: bei langweiligen wissenschaftlichen Meetings, in Einkaufszentren, an Straßenecken oder in Bahnstationen. Nach vielen Jahren und hunderten Experimenten sowie unabhängigen Wiederholungen waren die Resultate fast immer ident. Sie zeigten klare Abweichungen vom Zufall bei den emotionalen Ereignissen und ein Null-Ergebnis bei den Kontroll-Events.

Von den Bayreuther Festspielen bis zu den Pyramiden von Gizeh

Wir führten diese Versuche auf der ganzen Welt durch. Unser erstes Experiment war ein Ritual unter freiem Himmel einer heidnischen religiösen Gruppe, wo unser erstes Field-REG-Gerät zum Einsatz kam. Es war in einem kleinen Koffer verstaut: ein schwerer Laptop, ein Portable REG des PEAR Lab und eine klobige Motorradbatterie, die den Strom dafür lieferte.

Das Resultat war die Mühe wert: Das Gerät zeigte während der Zeremonie eine deutliche Abweichung vom Zufall, es trat in den Ergebnissen eine Ordnung ein, die nicht sein dürfte.

Wir führten ebenso Experimente bei den Bayreuther Festspielen durch. Wir wollten wissen, ob bei Wagners Musik auch hier ein gemeinsames Bewusstsein in der Gruppe entsteht, das Einfluss auf unsere Geräte – und damit Materie – hat. Ein Kollege von mir nahm die Daten während mehrerer Opern auf und stellte eindeutig fest, dass speziell bei den Ouvertüren die Werte von der Norm deutlich abwichen.

Die eindrucksvollsten Ergebnisse brachte eine zweiwöchige Reise nach Ägypten einer Gruppe von 19 Leuten, die alle an alten Kulturen und speziell der altägyptischen Religion interessiert waren. Die Gruppe plante Meditationen und zeremonielle Gesänge in den Heiligtümern und heiligen Tempelruinen der alten Ägypter, insbesondere aber auch im Inneren der Pyramiden.

Zu dieser Zeit hatten wir bereits präzise kleine, tragbare FieldREG-Systeme entwickelt, deren Daten in einem kleinen Palmtop-Computer zusammenliefen. Die Software erlaubte uns den Beginn und das Ende von Datensequenzen zu markieren, die mit den besonderen Momenten übereinstimmten. Die Daten wurden die ganze Zeit der Reise hindurch aufgezeichnet, was einen direkten Vergleich zwischen dem Besuch der Grabkammer der Cheops-Pyramide von Gizeh, bei dem wir besondere Effekte erwarteten, und Kontrollperioden wie dem Einkauf am Bazar oder dem Abendessen ermöglichte. Während der dreistündigen Besichtigung der Cheops-Pyramide zeigten die Perioden, wo die Gruppe in der Königinnengrabkammer, der Großen Galerie und der Königsgrabkammer war und dort auch meditierte, die höchsten Anomalien und Abweichungen, insbesondere auch im Vergleich zum Tunneleingang oder dem Ende, als sich die Gruppe trennte. Diese messbaren Resultate belegen eindeutig direkte Zusammenhänge und Korrelationen zwischen emotional stark einnehmenden Ereignissen und den damit verbundenen massiven Abweichungen in den Daten.

Bei den heidnischen Ritualen und in Ägypten wussten die Teilnehmer vage, dass Daten erhoben werden sollten, kannten aber keine Details. Bei den Bayreuther Festspielen ahnte niemand von dem Experiment. Jedenfalls hatte bei allen Versuchen niemand ein Interesse daran, die Daten durch Absicht vom Erwartungswert abweichen zu lassen.

15 Prozent der Testpersonen – also jeder Siebente – erzielen bemerkenswerte Ergebnisse

Bevor wir aber die großen weltweiten Versuchsreihen zum globalen Bewusstsein starteten, versuchten wir noch eine fundamentale Frage zu klären: Besitzt jeder solche Fähigkeiten? Kann jeder Mensch durch die Kraft seiner Gedanken Materie beeinflussen? Das Ergebnis überraschte uns alle.

In unseren Experimenten im Labor konnten wir nachweisen, dass rund 15 Prozent aller Teilnehmer die Fähigkeit besaßen, die Ergebnisse eines Zufallsgenerators zu verändern – nur durch ihren Willen, ihre Intention. Das ist jeder Siebente. Im PEAR Lab nahmen meist ganz normale Leute an unseren Versuchen teil. Wir suchten nicht nach Menschen, die spezielle mediale Fähigkeiten haben. Uns interessierte vielmehr, wie weit solche Fähigkeiten in der ganz normalen Bevölkerung verbreitet sind. Wie hoch ist der Prozentsatz an Menschen, die scheinbar nicht erklärbare Fähigkeiten besitzen? Sind es nur ein, zwei von hundert oder gar einer von tausend, oder doch deutlich mehr? Das konnten wir nur herausfinden, indem wir Versuchspersonen, die von vornherein sagten, sie besäßen mediale Fähigkeiten, von den Versuchsreihen ausschlossen. Nur dadurch konnten wir einen neutralen Überblick bekommen, wie viele Menschen tatsächlich solche Fähigkeiten besitzen. Was wir feststellten ist, dass paranormale Fähigkeiten vergleichbar sind mit Talenten wie Klavierspielen, Gesang oder Skifahren. Es gibt Menschen, die talentierter sind als andere, und solche, die es nie zum Virtuosen oder Olympiamedaillengewinner bringen werden. Erlernen – oder zumindest versuchen – kann es jeder, aber nur eine kleine Gruppe ist wirklich talentiert. Bei unseren Experimenten erzielten jene Persönlichkeiten die besten Ergebnisse, die die Fähigkeit hatten, sich zu entspannen und zu akzeptieren, dass außergewöhnliche Dinge passieren können.

Wer dazu bereit ist, ist der ideale Kandidat für diese Art von Phänomenen.

15 Prozent ist ein Wert, der sehr hoch ist. In manchen Versuchsreihen lag er sogar bei 20 Prozent. Das waren Testpersonen, die nicht nur einmal den Zufallsgenerator beeinflussen konnten, sondern dazu mit einer gewissen Regel-

mäßigkeit fähig waren. Uns war klar, dass die Ergebnisse nicht bedeuteten, dass »nur« diese 15 Prozent über spezielle Fähigkeiten verfügten. Es waren vielmehr 15 Prozent, die in den Experimenten zuließen etwas zu tun, was von vornherein unmöglich schien. Es ist wahrscheinlich, dass diese Fähigkeit in der Bevölkerung weitaus verbreiteter ist, als unsere Experimente beweisen konnten. Mehr Menschen dürften über paranormale Fähigkeiten verfügen, von denen sie noch nichts wissen, meist weil sie sich nicht die Freiheit nehmen, solche Talente ihres Bewusstseins zuzulassen.

Können wir wissenschaftlich beschreiben, wieso dies möglich ist oder was exakt dabei passiert? Wir können es derzeit noch nicht. Aber wir können beweisen, dass es möglich ist.

Der amerikanische Quantenphysiker und Philosoph David Bohm, der in Princeton mit Albert Einstein zusammenarbeitete, schrieb das Buch *Die implizite Ordnung* und erklärte darin plausibel, dass wir keinen Zugang zum tiefen Hintergrund haben, vor dem sich unsere anscheinend reale Welt abspielt. Er nimmt die Quantenphysik als Beispiel dafür, dass Erscheinungen auftreten, die nicht erklärbar sind. Das bedeutet, dass wir vieles mit unserem menschlichen Verstand nicht erklären können, weil uns schlicht die Fähigkeit dazu fehlt. Anderseits entdecken und erfahren wir laufend Dinge, von denen wir angenommen haben, dass sie unmöglich zu verstehen sind. Oft erfordern sie nur mehr Zeit und geduldige Mühe. Die Werkzeuge der Wissenschaft sind unglaublich machtvoll, wenn wir sie klug und vernünftig anwenden und aus Fehlern ebenso lernen wie aus Erfolgen.

Die unsichtbare Welt,
die wir nicht kennen

Der deutsche Neurophysiologe Wolf Singer, in seinem Metier ein weltweit anerkannter Vordenker, der die Abteilung für Neurophysiologie am Max-Planck-Institut für Hirnforschung in Frankfurt am Main leitete, ist der Meinung, dass sich unserem Gehirn, unserem Bewusstsein und unserem Geist nur ein ganz kleines Segment der Wirklichkeit erschließt. Der wesentlich größere Teil bleibt uns verborgen, weil unser Gehirn nicht dafür ausgelegt ist, das gesamte Universum zu verstehen. Und auch die spekulative Physik des 20. Jahrhunderts zeigte, dass wir mit unserem Gehirn die Wirklichkeit nicht zur Gänze erfassen, sondern uns ihr nur fragmentarisch annähern können.

Es gibt zwei leicht verständliche Beispiele dafür: einerseits im Makrokosmos die Lichtgeschwindigkeit. Die Lichtgeschwindigkeit ist nicht nur eine physikalische Größe, sondern letztendlich fast schon eine philosophische Konstante. Denn wie soll man sich vorstellen, dass es bei Lichtgeschwindigkeit keine Zeit mehr gibt? Es ist nahezu unmöglich, aber existent und kann mathematisch berechnet werden. Doch wir können es mit unserem menschlichen Erkenntnishorizont nicht verstehen.

Im Mikrokosmos ist es die Verschränkung von Teilchen, wie die Quantenphysik zeigt. Auch das ist berechenbar, zum Teil auch im Experiment nachweisbar, aber für uns letztendlich nicht vorstellbar.

Das sind eindeutige Hinweise, die uns zeigen, wie begrenzt unser Verstand ist. Lange Zeit ist die Wissenschaft in Versuchung gewesen – und teilweise auch dieser Versuchung erlegen – zu sagen: Jenseits unseres Erkenntnishorizontes ist nichts mehr. Doch das ist mit Sicherheit falsch.

Was wissen wir wirklich von der realen Welt?
Und ist sie überhaupt real?

Drehen wir das Rad der Zeit um nur rund 300 Jahre zurück. In Europa herrschte der Absolutismus, der Adel ließ sich prachtvolle Schlösser bauen, der Spätbarock hatte seine Hochblüte. Joseph II. herrschte in Österreich und wurde zum Kaiser des Heiligen Römischen Reiches gekrönt, die Aufklärung nahm ihren Lauf, die Industrielle Revolution begann.

James Watt baute die ersten Dampfmaschinen, in London entwickelte sich eine florierende Wertpapierbörse. Wie weit war die Wissenschaft, die Forschung vor nur 300 Jahren? Was wäre passiert, wenn ein Wissenschaftler damals gesagt hätte: Wir werden zum Mond fliegen, in 80-stöckigen Hochhäusern wohnen, Atomkraftwerke bauen, 80 bis 100 Jahre alt werden – damals starb man mit durchschnittlich 40 Jahren –, mit Flugzeugen durch die Luft fliegen, mit Autos auf Straßen rasen und uns gegenseitig mit Nuklearwaffen bedrohen?

Man hätte ihn für verrückt erklärt, selbst wenn er in solchen Bereichen geforscht oder erste wissenschaftliche Experimente unternommen hätte. Heute sind diese Errungenschaften und das Wissen, das wir uns dazu angeeignet haben, normal und Teil unseres Lebens.

Wie oft wurden Wissenschaftler belächelt, ignoriert oder attackiert, weil sie sich Phänomenen widmeten, die zu ihren Lebzeiten keiner wahrhaben oder glauben wollte? Ignaz Semmelweis war ein brillanter Mediziner, und er machte eine simple Entdeckung: Wenn sich ein Arzt vor und nach einer Operation beziehungsweise bevor er einen Patienten berührt die Hände wäscht, sinkt die Sterblichkeitsrate seiner Patienten massiv. Semmelweis' 1848 beendete Studie über Hygiene gilt bis heute als Meilenstein der evidenzbasierten Medizin. Doch was passierte damals? Seine Kollegen lehnten sie als »Unfug« strikt ab. Hygiene galt als Zeitverschwendung und als unvereinbar mit den damaligen Prinzipien über die Behandlung von Krankheiten. Semmelweis starb 1865 in der Psychiatrie in Wien, erst Jahre später wurden seine Erkenntnisse zum weltweiten Medizinstandard.

Die gesamte Geschichte der Menschheit ist geprägt von Ignoranz gegenüber neuen Phänomenen und Erkenntnissen, aber auch schlicht gegenüber der Tatsache, dass wir zu keinem Zeitpunkt am Ende unseres Erkenntnishorizonts angelangt sind – weder heute noch morgen noch in zehn, fünfzig oder hundert Jahren.

Vor dreißig Jahren haben wir uns Faxe geschrieben: Briefe, die man in Geräte steckte, die über die Telefonleitung versandt und bei einem Empfänger ausgedruckt werden konnten, wobei die Übertragung einer einzelnen Seite schon mal eine Minute dauern konnte. Heute haben wir E-Mails und können gigantische Datenvolumen in Sekunden rund um den Erdball senden. Wir sprechen hier von einer Entwicklung innerhalb von gerade mal drei Jahrzehnten, nicht von hunderten von Jahren.

Das Einssein als Teil der
natürlichen Ordnung

Wenn wir also heute noch nicht verstehen, wie Menschen miteinander verbunden sind, so heißt dies noch lange nicht, dass es keine Tatsache sein kann, die die Wissenschaft vielleicht erst in Jahrzehnten oder auch nie erklären wird können.

Viele alte Traditionen haben ein Konzept der Verbindung und des Teilens als natürliche Ordnung. Wir sprechen dabei vom Einssein, *Oneness*, und in einem gewissen Sinn ist das die Basis für die meisten Religionen und spirituellen Lehren. Der Ansatz ist, dass obwohl wir die meiste Zeit als Individuen agieren, wir nicht wirklich von anderen Menschen und Kulturen oder auch unseren Nachbarn getrennt sind. Wir sind vielmehr Teil einer großen Gemeinschaft.

Damit ist nicht physische Nähe gemeint. Es umfasst ein gemeinsames Verständnis, die tiefe Form einer evolutionären Basis in uns, die wir nicht direkt wahrnehmen, aber die uns in bestimmte Richtungen lenkt. Was noch wichtiger ist: Diese tiefe Basis existiert in uns, doch sie scheint nichts mit unserem Körper oder unseren Zellen zu tun zu haben, sondern mit den Mustern und Strukturen unseres Geistes.

Die Matrix zwischen uns Menschen

Mit dem *Global Consciousness Project* erforschen wir Gemeinsamkeiten und Verbindungen zwischen Menschen, eine scheinbar unmerkliche Matrix, ein globales Bewusstsein, entstanden aus unseren Interaktionen, so wie das Denken aus der Interaktion von Neuronen in unserem Gehirn entsteht. Ein vereintes Bewusstsein, das durch uns alle entsteht. Diese Idee stammt nicht von mir, sondern kann in fast allen Kulturen, beginnend in der Antike bis zur Gegenwart, zurückverfolgt werden. Naturgeister, Götter, spirituelle Führer, die von Schamanen angerufen werden, all diese entspringen Strukturen, die wir nicht sehen können, aber unsere Intuition lässt uns erkennen, dass es sie gibt und dass sie Teil unserer Welt sind.

Der Mensch betet zum Beispiel seit dem Anbeginn seines Bewusstseins, und das tut er aus gutem Grund, wie Sie später noch im Detail erfahren werden. Auch nach Jahrtausenden gehört dieses Ritual zum menschlichen Leben, und wir beten heute noch immer so wie vor tausenden von Jahren. Der Mensch ist ein praktisch veranlagtes Wesen, das in der Menschheitsgeschichte sehr erfolgreich darin war, die nützlichen Verhaltensmuster beizubehalten und die unnützen zu verwerfen, wenn auch manchmal sehr langsam.

Betrachten wir die Geschichte der Menschheit, so ist es faszinierend zu beobachten, wie sich völlig unabhängig voneinander auf unserem Erdball Kulturen entwickelt haben, die fast idente Formen des Zusammenlebens, aber auch idente Rituale hatten, obwohl sie niemals Kontakt zueinander hatten, weil die räumliche Entfernung schlicht zu groß war und es damals auch keine entsprechenden Kommunikationsmittel gab.

Wenn sich also der Mensch über Jahrhunderte und Jahrtausende dazu entschlossen hat, zu beten oder sein spirituelles Verständnis beizubehalten, so hat das eine tiefere Bedeutung. Es weist darauf hin, dass wir eine Chance haben Wege zu finden, das nicht physische Wesen des Menschen, das wir als Geist und Seele bezeichnen, zu erforschen und zu dokumentieren. Dieses Gebiet der Forschung ist kein einfaches. Wir müssen bereit sein, bestehende Grenzen unseres Intellekts zu überschreiten und die physische Welt zumindest gedanklich hinter uns zu lassen. In Princeton bedienten wir uns dazu wissenschaftlicher Instrumente, Methoden und Verfahren, die neuartig waren. Sie machen den Unterschied zwischen Vermutungen und Beweisen aus und sie ermöglichten uns, eine vage Vorstellung in ein solides Verständnis zu verwandeln.

Ist unser Bewusstsein in der Cloud?

Die ewige Frage, die uns damals wie heute verfolgt, ist die von Zweck und Vorsehung. Ist der Mensch das Ergebnis von Zufall? Oder gibt es einen Ursprung, von dem alles stammt? Was ist meine Bestimmung in dieser Welt? Und wohin soll ich mich entwickeln? Ist das Universum unendlich? Und wenn nicht, was ist außerhalb seiner Grenzen zu finden? Gibt es tatsächlich eine Vergangenheit und Zukunft, oder ist das nur Illusion? Was war vor dem Urknall?

Was ist Bewusstsein? Ist es eine Begleiterscheinung, etwas, das aus dem Gehirn »hervordringt«, wie manche Wissenschaftler vermuten, oder hat unser Bewusstsein eine von unserem Gehirn unabhängige Präsenz in dieser Welt? Ist unser Gehirn nicht mehr als eine Art Hardware, um Prozesse auszuführen, während unser Bewusstsein in einer Art Cloud liegt? Es scheint klar zu sein, dass Bewusstsein eine faszinierende, aber immer noch mystische Kombination aus Gehirn und Seele darstellt, aber es ist völlig unklar, wie sie zusammenwirken, um ein bewusstes Erleben zu ermöglichen.

Ich kann mich nicht mehr genau daran erinnern, wann ich Pierre Teilhard de Chardins *Der Mensch im Kosmos* zum ersten Mal gelesen habe, aber diese kluge und leidenschaftliche Vision von Sinn, Zweck und den Möglichkeiten des Menschen hat mich tief berührt. Teilhard schrieb das Buch, das sein Hauptwerk wurde, während des Zweiten Weltkriegs, als er als Geologe und Paläontologe im chinesischen

Exil arbeitete. Der Jesuitenpater versuchte darin die Hindernisse zwischen naturwissenschaftlichem und theologischem Denken auszuräumen.

Die Zukunft gehört der Sympathie
und Energie der Liebe

Die Evolution, so war sich der visionäre Kirchenmann sicher, stehe vor einer entscheidenden Phase: Nicht mehr dem kriegerischen Gegeneinander gehöre die Zukunft, sondern der globalen Zusammenarbeit in Sympathie und aus der »Energie der Liebe«. Nur so sei der »Punkt Omega« zu erreichen, der Idealzustand, auf den die Religionen uns Menschen hoffen lassen. Um unsere Träume in die Wirklichkeit umzusetzen, müssen wir von einer überrationalen Intuition erleuchtet werden, dass der Charakter unserer Welt die Einheit sei. Ohne diesem hätten wir keine Orientierung.

Doch die Kirche wollte Teilhards faszinierende Thesen nicht verbreiten, der Vatikan enthielt ihm die Druckerlaubnis für das Buch. Er schrieb es schließlich mehrfach um, reiste nach Rom, fügte versöhnliche Anmerkungen hinzu, doch der Vatikan stellte sich vehement dagegen. Es sollte erst 1955 nach Teilhards Tod erscheinen.

Teilhard de Chardin war davon überzeugt, dass der Mensch »nicht einsam in den Einöden des Weltalls verloren ist, sondern dass ein universeller Lebenswille in ihm zusammenströmt und sich in ihm vermenschlicht«. Was

Teilhard schon lange vor der Zeit des Internets feststellte: Wir werden eins – wir haben gar keine andere Chance.

John F. Kennedy, Jitzchak Rabin, Prinzessin Diana

Es gibt Persönlichkeiten, die haben einen festen Platz im Bewusstsein der Menschen auf unserem Planeten. Wenn sie sprechen, hören wir ihnen zu, und wenn sie auf tragische Weise aus dem Leben gerissen werden, fühlen wir Mitleid und geteilte Trauer, vielleicht sogar Verzweiflung.

Bei John F. Kennedy und Jitzchak Rabin war ihr Tod doppelt tragisch, denn sie wurden Opfer von Attentaten. Der Schock, der die ganze Welt erfasste, und die synchronisierten Emotionen von vielen Millionen Menschen waren gewaltig. Prinzessin Dianas Tod ist eine andere Art von Tragödie. Ein Unfall, der die Menschen erschütterte, denn sie war nicht nur in ihrer Rolle als Mutter ihrer beiden Söhne William und Harry ein Symbol der Menschlichkeit in einem steifen und mit Kalkül agierenden Hause Windsor, sondern auch durch ihr Streben mit ihren humanitären Aktivitäten etwas von bleibendem Wert zu schaffen und ein Vorbild für Millionen. Diana hat eine wichtige, inspirierende Rolle für viele in ihrem Kampf gegen Landminen eingenommen. Ihre faszinierende und fesselnde Persönlichkeit und die Tatsache, dass sie außerdem eine wunderschöne Frau war, machte die globale Schockwelle gewaltig.

Ereignisse wie dieses führen dazu, dass eine große Anzahl von Menschen starke Emotionen teilen. Diese Gefühle sind komplex, aber sie verbindet in allen Fällen eine Komponente des Mitgefühls und des Bedauerns für das, was geschah.

Warum uns der Tod berühmter Persönlichkeiten nahegeht

Mit einem Mal wird für diese Menschen der Verlust einer öffentlichen Persönlichkeit, der man nie zuvor persönlich begegnet und die – genaugenommen – einem persönlich sogar fremd ist, fühl- und erlebbar. Die Gefühle werden so intensiv, als hätte man einen Freund oder sogar ein Familienmitglied verloren. Das ist eigentlich paradox. Normalerweise nimmt der Grad des Mitgefühls mit dem Quadrat der Entfernung ab. Stirbt unser Nachbar, so berührt uns das deutlich mehr, als wenn tausend Menschen Opfer eines Erdbebens in Asien werden.

Mit bekannten Persönlichkeiten, die uns faszinieren, scheint es anders zu sein. Daher sind solche Ereignisse und ihre möglichen Auswirkungen auf ein globales Bewusstsein ein wichtiges wissenschaftliches Modell.

Für JFKs Ermordung 1963 waren wir zu spät dran. Damals gab es keine technologischen Messmöglichkeiten. Aber seit den frühen 1990er-Jahren hatte ich Erfolg damit, einen Zufallsgenerator im PEAR in Princeton dauerhaft 24 Stunden, 365 Tage im Jahr, ohne Unterbrechung laufen zu lassen.

Schon bei der Ermordung des israelischen Präsidenten Jitzchak Rabin durch einen jungen radikalen Israeli 1995 in Tel Aviv konnten wir umfassendes Datenmaterial sammeln. Obwohl das Attentat von Princeton aus gesehen am anderen Ende der Welt stattfand und ich gerade in Deutschland war, ist die psychologische Distanz gering gewesen. Es war ein Ereignis mit weltweiten Auswirkungen. Die Datensequenz, die wir in Princeton zum Zeitpunkt des Mordes generierten, zeigte eine signifikante, um nicht zu sagen massive Abweichung vom Normwert. Es trat eine Ordnung in den Zahlen ein, die nicht erklärbar war.

Das Besondere dabei war, dass die Abweichung exakt mit der Minute seiner Ermordung korrelierte, als noch keine Nachrichtenagentur der Welt darüber berichten konnte, weil es eben erst geschah. Die massive Abweichung hielt eine halbe Stunde lang an. Doch ohne wissenschaftliches Protokoll, das wir damals noch nicht hatten, und einer formalen Hypothese für den Test war die eindeutige Korrelation der Daten mit einem Ereignis von globaler Dimension nicht mehr als eine Ermunterung, ein relevantes Set von wissenschaftlichen Werkzeugen zu entwickeln, um einen wissenschaftlich haltbaren Nachweis zu erbringen.

Bei Prinzessin Dianas Begräbnis war alles anders: Wir waren vorbereitet.

Eine Welt in Trauer

Nun war die gesamte Welt in Trauer. Um Mitternacht Eastern Standard Time – sechs Uhr früh in Frankreich – erklärte der leitende Arzt Dr. Alain Pavie im *Hôpital de la Pitié-Salpêtrière* in Paris Prinzessin Diana für tot. Sie war gegangen.

Ich habe sie nie persönlich kennengelernt, aber ihr Schicksal ging in diesem Moment selbst mir als Wissenschaftler nahe. Ich habe oft darüber nachgedacht, wie große Ereignisse ein gemeinsames Bewusstsein vieler Menschen erschaffen können, und eines wurde mir in dieser Nacht bewusst: Prinzessin Dianas Begräbnis wird ein solches sein. Hunderte Millionen Menschen – letztendlich waren es laut Schätzungen sogar bis zu zwei Milliarden – werden weltweit im Fernsehen, Radio und im Internet ihren letzten Weg mitverfolgen.

Zur Zeit von Dianas Begräbnis konnten nur ein Dutzend Wissenschaftler weltweit an unserem Experiment teilnehmen, bei dem ein Netzwerk von Zufallsgeneratoren, die keinerlei Verbindung zueinander hatten, Messdaten generierten. Aber das Resultat dieses Prototyps eines Experiments, um den Impact von einer oder zwei Milliarden Menschen zu messen, die ein tiefes emotionales Erlebnis verband, den Verlust einer strahlenden Persönlichkeit, war wissenschaftlich signifikant.

Wir konnten signifikante Anomalien in den Daten feststellen, die eine solide Grundlage für eine ernsthafte Auseinandersetzung mit einem technischen Instrument bildeten, das die Effekte von weltumspannenden geistigen Verbindungen erfassen konnte. Das war ein Meilenstein in der Erforschung des globalen Bewusstseins.

Die Macht des Welt-Geistes

Wir hatten ein System entwickelt, das die Fähigkeit haben sollte, die Auswirkungen einer Macht zu messen, die wir den Welt-Geist nennen.

Jeder einzelne Zufallsgenerator war ein autark funktionierendes System. Wir entwickelten kurzfristig für das Begräbnis ein klares Protokoll, wie wir messen und vorgehen werden. Es war ein spontaner Versuch, der an diesem 6. September 1997 stattfinden sollte.

Während die ganze Welt gebannt auf den Kensington Palast, den Trauerzug, angeführt von Dianas Söhnen, die Westminster Abbey, die berührende Messe und auf Sir Elton John, als er »Goodbye England's Rose« sang, blickte, zeichneten wir die stabilen, aber nicht vorhersehbaren Sequenzen von Nullen und Einsen mit unseren Zufallsgeneratoren auf.

Milliarden Menschen
synchronisierten ihre Gefühle

Das Resultat war eindeutig und präzise messbar: Es erfolgte eine deutliche Abweichung von den zu erwartenden Normwerten.

Die Wahrscheinlichkeit, dass das Ergebnis nur Zufall war, lag bei 100 zu 1.

Die Maschinen lieferten keine Zufallszahlen mehr: Es trat eine unheimliche Ordnung ein, nicht nur bei uns in Princeton, sondern bei allen Außenstationen, wo Zufallsgeneratoren liefen.

Milliarden Menschen kamen in einem gemeinsamen Moment der Trauer zusammen, und ihre Gefühle, ihr Respekt und ihre Anteilnahme synchronisierten sich. In diesem Moment veränderten sie mit ihren Gedanken und ihrem Mitgefühl die physische, reale Welt in subtiler, feiner Weise. Diese Veränderung war keine Vermutung mehr, sondern mit wissenschaftlichen Methoden messbar.

Wir kontaktierten danach Wissenschaftler und Forscher auf der ganzen Welt, die mit Zufallsgeneratoren arbeiteten und von denen wir annahmen, dass sie Interesse an der Teilnahme an einem globalen Netzwerk zur Erforschung des Bewusstseins haben könnten. Sie sollten unsere Außenstationen werden, die mit speziell von uns entwickelter Software und professionellen, hochsensiblen Zufallsgeneratoren künftig rund um die Uhr Aufzeichnungen machen und Daten generieren würden. Die Zufallsfolgen aus aller Welt würden dann ständig zum zentralen Server an der *Princeton University* überspielt werden. Wir würden dafür sorgen, dass die Generatoren aller Messlabore weltweit weder korrelierten noch durch das Internet verbunden waren oder sonst in irgendeiner Weise miteinander kommunizieren konnten. Das war die Idee.

Daraus entstand innerhalb von nur zwei Monaten ein globales Projekt zur Erforschung des Bewusstseins. Bei einem Treffen von Neurophysiologen, Psychiatern und anderen Wissenschaftlern in Freiburg, Deutschland, Ende 1997 stellte ich das *Global Consciousness Project* erstmals vor.

Heute sind über hundert Experten, darunter viele Wissenschaftler, in das Projekt eingebunden und liefern rund um die Uhr Datenmaterial, das in Princeton ausgewertet wird.

Bei Dianas Tod wurde mir erstmals bewusst: Wir sind tatsächlich alle miteinander verbunden. Nicht nur bei globalen Ereignissen, sondern immer, jeden einzelnen Tag. Es gibt ein Band zwischen uns Menschen, eine Verbindung auf einer Ebene, bei deren Erforschung wir gerade erst am Anfang stehen.

Aber dass dieses Band existiert – daran gibt es keinen Zweifel mehr.

DAS GLOBALE BEWUSSTSEIN

Die wissenschaftliche Erforschung
des Unerklärlichen

Wir sind alle miteinander verbunden

»*Phantasie ist wichtiger als Wissen, denn Wissen ist begrenzt.*«
– *Albert Einstein*

John Hamm* war ein trainierter junger Mann Anfang dreißig mit dunklem, anliegendem Haar, der seinen Abschluss
in Princeton machte und sich bei uns als Testperson für
eine neue Versuchsreihe bewarb. Er stammte aus Wiscon-
sin und fand unsere Forschung spannend. Nun saß er in
unserem *REG Room* des PEAR Labors im Erdgeschoss der
Princeton University, einem rund 16 Quadratmeter großen
Raum, dessen Wände mit dunklem Holz verkleidet waren
und der die Atmosphäre eines gemütlichen Wohnzimmers
ausstrahlte. In der Ecke stand eine große Indianertrommel,
daneben ein Keramikfrosch, an der Wand hing das überdi-
mensionale Bild einer Birne, und in der Mitte stand dieser
komfortable orangene Stuhl, den wir Comforto nannten, in

---

* Da das PEAR Lab die Namen aller Versuchspersonen bei Veröffentlichungen stets anonymisiert, ist dies ein Pseudonym. Der reale Name ist
in den Akten des PEAR vermerkt.

dem es sich John bequem machte. Ein Innenarchitekt hatte ihn dem PEAR gespendet. Er meinte, ein Labor, das das Unerklärliche erklären möchte, brauche eine auffällige Einrichtung.

John war Teil unserer Versuchsreihe *Precognitive Remote Perception*, vorausahnende Fernwahrnehmung. Diese Experimente bestanden aus zwei Personen: einem *Percipient* oder Empfänger, der die Wahrnehmung haben und beschreiben sollte, und einem Agenten, der erst in der Zukunft – meist ein, zwei Tage später – diese Situation erleben sollte. Das heißt, John sollte beschreiben, was ein anderer zwei Tage später erleben wird. Es war wie ein Blick in die Zukunft. Kann so etwas möglich sein?

Ich erklärte John seine Aufgabe. »Lehn dich zurück, entspanne dich, schließe deine Augen. Denke an den Menschen, der diese Szene erleben soll. Versuche nicht krampfhaft dir Details zu merken, lass einfach das, was passiert, in dein Bewusstsein fließen. Sei offen für Bilder, Farben, Gerüche. Versuche nichts zu deuten, sondern lass es einfach fließen und beschreibe es.«

John lehnte sich zurück, ich schaltete den Recorder ein, um ihn aufzunehmen und verließ den Raum. Einige Minuten passierte nichts, doch dann erzählte er: »Ich sehe eine Art Kreis wie ein Karussell oder einen Aussichtspunkt. Ein großes rundes Ding. Es ist rund an seinen Enden wie eine Scheibe. Es ist sehr hoch. Ich sehe darunter auch Wasser, dann etwas wie einen Zaun. Stufen führen nach oben wie ein Pfad. Und da ist wieder etwas wie ein Zaun. Menschen gehen entlang. Da sind vertikale Linien entlang diesem Weg. Ich sehe kleine Boote und Docks ...« John beschrieb bildhaft eine Szene, die er gerade zu erleben schien.

Das Besondere an dieser Art von Experimenten war, dass sie etwas beschreiben sollten, was erst in der Zukunft von jemandem gesehen und erlebt wird, der zum Zeitpunkt des Experiments noch nicht einmal davon weiß.

Er beschrieb eine 6.922 Kilometer entfernte Szene, die erst zwei Tage später passieren sollte

Der Agent in diesem Fall war ein Mitarbeiter des PEAR, Alan Murphy*, der am kommenden Tag mit einem Kollegen nach Europa fliegen sollte, um einen Vortrag auf einer Konferenz zu halten. Alan wusste nichts von Johns Beschreibung und bekam erst am Abflugtag von uns den Auftrag, an einem bestimmten Tag zu einer bestimmten Zeit eine Szene für ein *Precognitive Remote Perception*-Experiment in Europa auszusuchen und zu beschreiben. Alan flog nach Bratislava, heute Hauptstadt der Slowakei und exakt 6.922 Kilometer von Princeton entfernt. Als Alan und sein Kollege Frank* in Bratislava ankamen, fuhren sie über die Brücke des Slowakischen Nationalaufstandes, auch Neue Brücke genannt: »Das wäre perfekt für unser Experiment«, sagte Alan. »Es ist nahe an der Zeit, wo ich den Versuch machen soll, und

---

* Da das PEAR Lab die Namen aller Versuchspersonen bei Veröffentlichungen stets anonymisiert, ist dies ein Pseudonym. Der reale Name ist in den Akten des PEAR vermerkt.

ich denke, das ist ein perfektes Ziel.« Die Schrägseilbrücke über die Donau hat eine Spannweite von 303 Metern, die Gesamtlänge beträgt 430 Meter. Das Besondere an der Brücke: Sie hat an einem Ende einen Aussichtsturm, wegen seiner Scheibenform UFO genannt, und in 85 Meter Höhe befindet sich ein rundes, völlig verglastes Restaurant mit einem atemberaubenden Blick auf die Stadt. 430 Stiegen führen – neben einem Aufzug – nach oben.

Was John Hamm zwei Tage zuvor bei unserem Experiment im PEAR beschrieb, erlebte Alan – der nichts von John Hamms Beschreibung wusste – zwei Tage später in Bratislava tatsächlich. Wer sich Bilder der Neuen Brücke ansieht und sie mit Johns Beschreibung vergleicht, erlebt die exakte Schilderung dessen, was unser Agent Alan erst zwei Tage später am anderen Ende der Welt erleben sollte.

»Konnten sich die beiden nicht abstimmen?«, werden Sie sich jetzt fragen. Nein, sie kannten einander zwar, Alan wusste aber nur die Zeit, zu der er ein Ziel aussuchen sollte, wo auch immer er zu diesem Zeitpunkt sein mochte. John wusste, dass Alan reiste, kannte aber weder sein Ziel noch das Programm der Reise oder die Route. Wir hatten für Versuche dieser Art wie generell für jedes Experiment strenge wissenschaftliche Protokolle.

Der Agent musste bei der Szene, die er beschrieb, eine binäre Liste ausfüllen, durch die wir dreißig Elemente abfragten, ob diese in der Szene vorhanden waren oder nicht. Der Empfänger wiederum musste einerseits die Szene bestmöglich in erzählerischer Form beschreiben, anderseits ebenso dieselbe Beschreibungsliste mit ihren dreißig Elementen ausfüllen. In der Folge wurden die Übereinstimmungsmerkmale daraufhin analysiert, wie viele eindeutige Treffer vorhanden waren, und statistisch unter Berücksichtigung aller wesentlichen Parameter wie der Gaußschen Normalverteilung ausgewertet.

Als wir in Princeton mit dieser Art von Experimenten begannen, gab es auch noch keine Handys und kein Internet, wo man sich mal eben schnell Bilder von der Neuen Brücke ansehen konnte. Stattdessen dokumentierten Alan und Frank die Szene mit altmodischen Fotografien.

Wie ist es möglich, dass ein Mensch eine Szene beschreibt, die ein anderer erst in der Zukunft erlebt?

Das war eine jener Fragen, die wir uns in Princeton über zweieinhalb Jahrzehnte lang im PEAR Lab stellen sollten.

Es gibt Dinge zwischen Himmel und Erde,
die wir nicht erklären können – aber die trotzdem existieren

Es gibt Dinge zwischen Himmel und Erde, die sich unserer rationalen Erklärung entziehen. Jeder Mensch kennt solche Phänomene und Ereignisse und einige haben sie in ihrem Leben vielleicht schon selbst erlebt. Unser Verstand kann sie meist nicht erklären oder nachvollziehen, aber unsere Intuition sagt uns, dass es sie gibt.

Wenn sich Ereignisse jeder Analyse entziehen, wenn die Wissenschaft nicht weiterweiß – und das ist weitaus häufiger der Fall, als Sie vielleicht vermuten würden – so werden

Phänomene oft als Einbildung, Humbug oder »esoterischer Schwachsinn« abgetan. Aber was ist, wenn es diese Phänomene tatsächlich gibt, wir sie aber mit unserem menschlichen Verstand einfach – noch – nicht erforschen oder deuten können?

»Wissen ist begrenzt«, sagte Albert Einstein. Welcher seriöse Wissenschaftler maßt sich an, das gesamte Universum verstehen oder deuten zu wollen? Das ist, als würden Sie einer Ameise die Relativitätstheorie erklären wollen. Wir scheitern schon bei der Erklärung der Funktionsweise unseres eigenen Gehirns.

Wissenschaftliche Forschung beginnt meist mit kühnen Theorien. Und oft werden diese nicht ernst genommen. Das haben wir in der Geschichte der Menschheit laufend erlebt. Nikolaus Kopernikus stieß auf breite Ablehnung, als er behauptete, die Planeten drehen sich ebenso wie die Erde um die Sonne und nicht wie bisher angenommen alle Gestirne um die Erde, und die Fixsterne am Himmel bewegen sich nur scheinbar und zwar deshalb, weil sich die Erde um ihre eigene Achse dreht. Das wissenschaftliche wie das damals einflussreiche kirchliche Establishment lehnten seine Theorien strikt ab. Sein heliozentrisches Weltbild wurde als »Hirngespinst« abgetan. Und heute? Wissen wir, dass Kopernikus recht hatte.

Wesentlich ist, dass die Wissenschaft bereit ist, sich unvoreingenommen Phänomenen zu widmen, die sie nicht erklären kann. Gibt es Telepathie – Gedankenübertragung

– wirklich? Können wir alleine mit unseren Gedanken Materie beeinflussen? Sind wir alle miteinander verbunden?

**Albert Einstein lehrte in Princeton,
der wissenschaftlichen Heimat zahlreicher Nobelpreisträger**

Diese Fragen faszinierten mich als Wissenschaftler immer schon sehr. Umso begeisterter war ich, als mich Robert G. Jahn fragte, ob ich mit ihm und Brenda Dunne das PEAR – das *Princeton Engineering Anomalies Research Lab* – entwickeln und wissenschaftlich leiten möchte. Ich unterrichtete zu dieser Zeit gerade Psychologie am *Johnson State College* in Vermont, das heute *Northern Vermont University* heißt, als mir ein Freund eine Stellenanzeige zeigte, die mich schon nach Lektüre des ersten Satzes fesselte: »Wir suchen einen kognitiven Wissenschaftler, der sich für die weniger bekannten Aspekte der Wahrnehmung interessiert. *Princeton University.*« Das klang interessant. Der Job reizte mich gleich aus mehreren Gründen.

Princeton ist keine gewöhnliche Universität. Sie ist eine der bedeutendsten der Welt. Albert Einstein lehrte in Princeton und veränderte mit seinen Theorien die Welt. Unzählige Nobelpreisträger studierten oder unterrichteten in Princeton wie Kip Thorne (Physik), Steven Weinberg (Physik), Edwin McMillan (Chemie), Gary Becker (Wirtschaft), Clinton Davisson (Physik), John Nash (Wirtschaft), Robert Hofstadter (Physik), Richard Smalley (Chemie) und Frank Wilczek (Physik). Der Computerwissenschaftler und Mathematiker

Alan Turing, der den Code der Nazi-Verschlüsselungsmaschine Enigma knackte und die Grundlage für künstliche Intelligenz legte, studierte in Princeton, aber auch Amazon-Gründer Jeff Bezos, Ex-Hewlett-Packard-CEO Meg Whitman und Google-CEO Eric Schmidt sind Princeton-Absolventen.

Dazu kam: Robert G. Jahn war nicht irgendwer. Er war ein renommierter Physiker, Professor für Weltraumwissenschaften und Dekan der Fakultät für Ingenieurwesen und Angewandte Wissenschaften der *Princeton University*. Er war ein Pionier, der mit der NASA und der U.S. Air Force Raketentriebwerke entwickelte.

Jahn entschloss sich, ein eigenes Forschungslabor zu gründen, um Phänomene zu erforschen, die es eigentlich nach heutigem Stand der Wissenschaft nicht geben dürfte und die andere Wissenschaftler gerne ignorierten oder belächelten. Jahns Plan, diese faszinierenden Fragen zu erforschen, war inspirierend. Bei dieser Mission wollte ich dabei sein.

Das PEAR Lab begann
seine Arbeit

Wir konzentrierten uns anfangs auf zwei große Bereiche, die wir am PEAR erforschen wollten:

- Die Verbindung zwischen Menschen, die durch große Distanz getrennt waren.

Damit war aber nicht nur die räumliche Distanz gemeint – sondern auch zeitliche. Können wir Ereignisse, die erst in der Zukunft passieren, vorhersagen beziehungsweise erkennen? Kann ich heute schon beschreiben, was jemand anderer morgen sehen und erleben wird?

• Der zweite große Bereich, den wir erforschten, waren *Human/Machine Anomalies* oder auch *Mind/Machine Interaction* genannt.

Dabei wollten wir herausfinden, ob Versuchspersonen die Fähigkeit hatten, alleine durch ihre Intention und ihre Gedanken Materie zu beeinflussen. Wenn dem so war, wollten wir feststellen, was solche Effekte verstärken oder verhindern kann. Diese Faktoren waren sowohl psychologischer als auch physischer Natur.

Unser Ziel am PEAR war auch die Entwicklung von wissenschaftlichen Theorien, um so eine erklärende Grundlage für die empirischen Resultate zu liefern, die oft schwer bis kaum in bestehende wissenschaftliche Modelle zu integrieren waren.

In der Geschichte des PEAR machten wir über 650 voneinander unabhängige *Remote Perception* Experimente. Die Versuchsanordnungen waren unterschiedlich: Wir machten solche, wo Agent und Empfänger zur gleichen Zeit eine Szene beschreiben mussten. Eine größere Zahl an Experimenten machten wir, bei der der Empfänger anhand eines klar definierten Protokolls eine Szene beschreiben musste, die der Agent einige Stunden oder Tage zuvor erlebt hatte. Die größte Anzahl an Versuchen führten wir jedoch im präkognitiven Modus mit einem Agenten durch, dessen Ziel noch nicht einmal bestimmt war, als der Empfänger die Situation bereits beschrieben hatte. Die Szene würde also erst in der Zukunft ausgewählt werden. Zum Beispiel ein, zwei Tage nach der Beschreibung des Empfängers, indem man dem Agenten den Tag und die exakte Zeit mitteilte, an dem er das, was er erlebte, beschreiben sollte – egal, wo er gerade war.

Anders ausgedrückt: Der Empfänger musste vorausahnend feststellen, was jemand anderer erleben würde, obwohl die Szene zu diesem Zeitpunkt noch nicht einmal ausgewählt war – so wie eingangs das Experiment mit John Hamm.

Diese Art von Experimenten wurde nach einem besonders strengen wissenschaftlichen Protokoll durchgeführt, um sicherzustellen, dass es zu keiner Interaktion zwischen Empfänger und Agent kam, um mögliche Kritik mit dem Argument, diese hätten sich vielleicht abgesprochen, ausschließen zu können.

Über die Jahre, in denen wir diese Experimente durchführten, konnten wir beweisen, dass die Ergebnisse für gleichzeitige, präkognitive und postkognitive Experimente ähnlich waren, was belegte, dass unsere Protokolle fehlerfrei funktionierten. Wir konnten so Fehler ebenso wie

Betrug als mögliche Erklärungen für die Phänomene aus-schließen. Wir konnten messbare Anomalien beobachten, die man mit unseren normalen wissenschaftlichen Model-len nicht erklären konnte.

Die über 650 Experimente, die wir im Laufe der Jahre durchführten, ist die größte Anzahl, die bis dahin weltweit in diesem Bereich gemacht worden ist, mit verschiedensten Distanzen und Zeiten. Es war dabei völlig gleich, ob Agent und Empfänger 5 oder 5.000 Kilometer voneinander ent-fernt waren, die Experimente ergaben ähnliche Resultate.

Die Ergebnisse waren so eindeutig, dass die Wahrschein-lichkeit oft eins zu einer Milliarde und noch mehr war. Das Ergebnis kombiniert mit unserer umfangreichen Datenbank und verglichen mit einer normalen Verteilung lag bei einem Z-Score von sechs. Das bedeutet: Das Resultat ist so weit von einer normalen wahrscheinlichen Verteilung entfernt, dass wir mit Sicherheit sagen können, dass es kein Zufall ist.

Wir konnten zweifelsfrei belegen, dass viele Testperso-nen Szenen oder Ereignisse beschreiben konnten, obwohl diese erst zu einem späteren Zeitpunkt stattfinden sollten und auch die Zielpersonen, die diese später erleben sollten, wussten zu diesem Zeitpunkt noch nicht, welches Ziel aus-gewählt wird.

Der zweite große Bereich an Experimenten, die wir am PEAR machten, nutzte Zufallszahlengeneratoren. Einerseits, um damit zu untersuchen, ob unsere Gedanken Materie beein-flussen können und anderseits, ob es eine Verbindung zwischen Menschen auf einer Ebene gibt, die nichts mit uns bekannten Formen wie Sprache zu tun hat. Vor allem aber auch, ob es ein globales Bewusstsein gibt, das uns Menschen verbindet.

In der Geschichte des PEAR machten wir über 2,5 Millionen Versuche mit Zufallsgeneratoren. Eine enorme Zahl. Wir sind keine Esoteriker, keine spirituellen Prediger, wir sind schlicht Wissenschaftler. Und trotzdem lassen all unsere wissenschaftlichen Versuche und Erkenntnisse Schlüsse zu, die unglaublich erscheinen, aber Fakten sind:

- Es besteht eine Verbindung zwischen uns Menschen. Wir sind alle miteinander verbunden.
- Menschen können durch die reine Kraft ihrer Gedanken Materie beeinflussen.
- Unser Bewusstsein ist mehr als nur ein Teil unseres Körpers. Es ist nicht an das Gehirn gebunden, sondern scheint Teil von etwas Größerem zu sein.
- Unser Bewusstsein wirkt in die Welt hinein – über unglaubliche Distanzen.

Das globale Bewusstsein – effizienter als soziale Medien

Soziale Netzwerke zeigen uns, dass jeder von uns mit fast allen anderen Menschen auf unserem Planeten verbunden ist. Nur rund 3,57 Freunde trennen laut einer Studie von Facebook einen Nutzer von jedem beliebigen anderen im Netzwerk. Schon 1929 hat der ungarische Autor Frigyes

Karinthy das *Six Degrees of Separation*-Konzept entwickelt, demnach nur sechs Kontakte von Freund zu Freund nötig sind, um sich mit jedem Menschen auf dem Planeten zu verbinden.

Vergessen Sie für einen Moment jede Form von Technologie und stellen Sie sich vor, dass Sie mit jedem Menschen auf diesem Planeten direkt verbunden sind. Dass Sie dazu keine sozialen Medien benötigen, kein Telefon oder Internet, sondern dass es einen Austausch zwischen uns allen gibt. Genau das konnten wir mit unseren Versuchen am PEAR und seiner Weiterentwicklung, dem von mir gegründeten *Global Consciousness Project* (GCP), belegen: durch langjährige wissenschaftliche Versuchsreihen, durch harte Fakten.

Wir wissen kaum etwas über diese Verbindungen, da sie subtil sind und auf einem unbewussten Level ablaufen. Aber die Beweise unserer Forschung zeigen eindeutig, dass sie existieren.

Nun stellt sich die Frage: Wie kann man diese Verbindungen verbessern, so dass sie zu einem nützlichen Teil unseres normalen Bewusstseins werden?

WIR SIND EINS

Wie globales Bewusstsein entsteht

Über das Gute und Böse in der Welt – und was wir von der Weisheit alter Kulturen lernen können

»Wir müssen unser Verständnis von Materie radikal überdenken, um Bewusstsein erklären zu können, vergleichbar mit der Weise wie Einstein das Wesen von Raum und Zeit radikal überdachte.«
– Philip Goff, Philosoph, University of Reading

Der Moment, der die Welt erschüttern sollte wie kein anderes Ereignis in den Jahrzehnten zuvor, fand um exakt 8.45 Uhr Früh New Yorker Zeit statt. Eine Boeing 767-223ER der American Airlines mit der Flugnummer 11 krachte mit einer Geschwindigkeit von 800 Kilometern pro Stunde in der Höhe zwischen der 93. und 99. Etage in den Nordturm des World Trade Centers. Alle 92 Passagiere an Bord waren wohl im Bruchteil einer Sekunde tot. Die Explosionsflammen des Kerosins schlugen in alle Himmelsrichtungen aus der Fassade. Es war ein Ereignis von apokalyptischem Ausmaß und der Auftakt eines Tages, der durch weitere Terroranschläge mit Passagiermaschinen auf den Südturm des World Trade Centers, das Pentagon in Arlington und dem Absturz einer vierten Maschine in Shanksville, Pennsylvania, fast 3.000 Menschen das Leben kosten sollte.

Das Grauen des 11. September 2001 begann um Viertel vor neun Uhr Früh Ortszeit, *Eastern Daylight Time.*

Wenn Ereignisse globaler Dimension anscheinend starke Emotionen in Menschen auslösen, ob Angst, Furcht, aber auch Begeisterung und Freude, und diese sogar Zufallsgeneratoren so beeinflussen können, dass sie anormale Ergebnisse liefern, die nicht sein dürften, so müssen diese doch auch am 11. September rund um 9 Uhr Ortszeit messbar gewesen sein, als die ersten Fernsehbilder um die Welt gingen?

Doch das war nicht der Fall. Was am 11. September 2001 geschah, sollte uns noch Jahre später beschäftigen. Denn es trat etwas ein, das anfangs völlig unerklärlich schien.

Nicht um 8.45 Uhr New Yorker Zeit oder knapp danach zeigten die Zufallsgeneratoren massive Abweichungen und starke Anomalien, bei denen die Zahlen nicht mehr zufällig waren und eine zunehmende Ordnung eintrat – sondern bereits circa vier Stunden davor.

Kurz nach 4.30 Uhr Früh New Yorker Zeit lieferten die rund um den Erdball stationierten und voneinander völlig unabhängig messenden Zufallszahlengeneratoren, die in keiner Weise – auch nicht durch das Internet – miteinander verbunden waren, völlig anormale Ergebnisse. Sie synchronisierten sich. Was auch immer ab diesem Zeitpunkt passierte, es war von globaler Dimension. Nur wusste noch keiner von uns, was genau geschehen sollte. Bis zum Mittag des 11. September sollten diese Anomalien anhalten, als sich der Effekt der Abweichung – ebenso überraschend – umkehrte und die danach eintretende Abweichung die folgenden sechs bis acht Stunden viel geringer als erwartet ausfiel.

Das nicht Erklärbare dabei bleiben die massiven Abweichungen schon nach 4.30 Uhr morgens, die anscheinend ein und dieselbe kollektive Ursache hatten. Nur eben bereits über vier Stunden, bevor das erste Flugzeug in die Twin Towers crashte.

Wie war das möglich?

Große Gefühle, ob Leidenschaft oder Zorn, vereinen Millionen Menschen auf der Welt

Ob der unerwartete Tod von Prinzessin Diana, ihr Begräbnis oder die Terroranschläge des 11. September: Wenn ein großes Ereignis in der Welt passiert, so beschäftigt uns das aus mehreren Gründen. Wir fühlen Leidenschaft oder Angst, Zorn oder Freude, jedenfalls eine Emotion aus dem breiten Spektrum möglicher menschlicher Gefühle. Obwohl jeder von uns seine eigenen individuellen Emotionen hat, so gehen diese bei Ereignissen solcher Dimension in ein und dieselbe Richtung. Wir fühlen alle zur selben Zeit Angst, Trauer, wahrscheinlich auch Wut – und sind in solchen Momenten miteinander vereint.

Kein normaler Mensch würde angesichts dieses unendlichen Leids Glück empfinden, außer vielleicht die Attentäter und ihre Sympathisanten. Diese stehen aber nicht für die Masse. Wir sind dann alle Bestandteil einer Gruppe, die zur selben Zeit auf dasselbe Ereignis ihre Aufmerksamkeit richtet, die eine Art Synchronisation hervorruft. Für eine flüchtige Zeitspanne, die auch Stunden dauern kann, scheinen wir also synchronisiert zu sein. Es ist, als würden alle im Gleichklang schwingen. Das passiert interessanterweise nicht, wenn uns kein impulsgebendes Ereignis eint.

Es ist etwas, das auf einer unbewussten Ebene passiert, wo Menschen dasselbe fühlen, weil das zugrunde liegende Ereignis denselben Impuls auslöst. Die Verbindung zwischen uns Menschen ist in jedem Fall unbewusst.

Kann das auch Menschen betreffen, die vom Ereignis nicht direkt betroffen sind? Beeinflusst es auch Menschen am anderen Ende der Welt, die noch nicht einmal von 9/11 gewusst haben?

Es gibt hunderte, wenn nicht sogar tausende anekdotenhafte Berichte, wo Menschen am 11. September 2001 von unguten Gefühlen bis hin zu starkem Zweifel und Angst berichtet haben, die sie sich nicht erklären konnten, weil sie die Nachricht von den Terrorangriffen zu dem Zeitpunkt noch gar nicht kannten. Zum Teil hatten Menschen schon am Tag davor düstere Vorahnungen oder fühlten sich schlecht. Sie kannten keinen Grund dafür, erst als sie von den Ereignissen erfahren haben, brachten sie ihre Stimmung und die Geschehnisse in einen möglichen Zusammenhang.

Verbindet uns ein Bewusstseinsfeld?

Am PEAR gingen wir nicht nur mit tausenden Experimenten und Versuchen Fragen wie jener nach, ob es ein globales Bewusstsein gibt, wir versuchten auch Theorien zu entwickeln und rationale Erklärungen zu finden.

Stellen Sie sich vor, es gäbe ein Bewusstseinsfeld, das alle Menschen verbindet und das auch auf einer unbewussten Ebene nicht nur Menschen erreicht, die sich bewusst mit einem Ereignis oder Phänomen auseinandersetzen, sondern auch jene, die nichts davon wissen? Unsere Forschung hat eine Vielzahl von Hinweisen entdeckt, die darauf schließen lassen, dass es so etwas tatsächlich gibt.

Wenn nun aber schon Stunden, bevor ein Ereignis eintritt, dieses messbare Auswirkungen zeigt wie im Fall der Terrorattacken des 11. September, wo die Zufallsgeneratoren schon über vier Stunden davor synchronisierte Ergebnisse lieferten, so wirft das zwei fundamentale Fragen auf:

- Ist unser Leben – zumindest teilweise – vorherbestimmt? Ist jetzt bereits klar, was in Zukunft passieren wird?

- Haben wir unbewusst die Fähigkeit, Ereignisse vorauszuahnen? Das würde erklären, warum Millionen Menschen immer wieder Vorahnungen haben, die tatsächlich eintreffen.

Es gibt eine Vielzahl dokumentierter Ereignisse dieser Art, jedoch keine wissenschaftlichen Studien, weil der Einzelfall in solchen Fällen nicht replizierbar ist.

Ich habe einen sehr guten Freund, der wie meine Frau und ich im Großraum New York lebt. Er fuhr eines Abends mit dem Auto seinen täglichen Weg über die Bundesstraße vom Büro nach Hause. Irgendwie hatte er ein seltsames Gefühl, als würde etwas Schreckliches passieren, wie er mir im Nachhinein erzählte, und blieb spontan auf einem Parkplatz stehen. Er wartete vielleicht eine Viertelstunde, bevor er langsam weiterfuhr. Als er die Abfahrt nehmen wollte, über die er jeden Tag die Bundesstraße verließ, sah er schon von Weitem Blaulicht und mehrere Einsatzfahrzeuge. Kurz davor hatte sich genau an dieser Stelle ein schrecklicher Unfall ereignet, ein Verletzter lag auf dem Asphalt, die Sanitäter beugten sich über ihn. »Es ist durchaus möglich«, schilderte er mir wenige Tage später das Ereignis, »dass ich derjenige sein hätte können, der auf der Straße lag, hätte ich nicht auf meine Intuition gehört.« Dieses Unbehagen, das er nicht erklären konnte, hat möglicherweise sein Leben gerettet.

Millionen Menschen kennen solche Erfahrungen, praktisch jeder von uns hat Ähnliches bereits erlebt.

Warum waren auf den 9/11-Flügen nur so wenige Passagiere an Bord?

War das auch am 11. September 2001 der Fall? In Zusammenhang mit 9/11 wurden uns mehrere Reports übermittelt, die sich die Frage stellten, warum die von den Attentätern als Waffen eingesetzten Flugzeuge an diesem Tag deutlich weniger Passagiere hatten als sonst üblich. Der American-Airlines-Flug 11, der in den Nordturm des World Trade Centers krachte, hatte 158 Sitze – aber nur 81 Passagiere waren an Bord des sonst oft ausgebuchten Fluges. Der United-Airlines-Flug 175, der in den Südturm einschlug, eine Boeing 767-200, gebaut für 168 Fluggäste, hatte nur 51 Passagiere an Bord. American-Airlines-Flug 77, der in das Pentagon gesteuert wurde, war eine Boeing 757-223ER, mit nur 53 Passagieren, aber 188 Sitzplätzen. Und die vierte Maschine, American-Airlines-Flug 33, hatte gar nur 33 (!) Passagiere an Bord, obwohl die Boeing 757-200 für 182 Platz hatte.

Die Gründe, warum sonst oft volle oder zumindest deutlich besser gebuchte Flüge ausgerechnet an diesem Tag mit halbleeren Maschinen flogen, American Airlines 33 überhaupt nur mit einer Passagierauslastung von 18 Prozent, zählen zu den großen Rätseln dieses tragischen Tages der amerikanischen Geschichte. Bei Recherchen für Reportagen über 9/11 fanden Medien etliche Menschen, die Reservierungen oder sogar Buchungen für einen der Flüge hatten, aber aufgrund von Vorahnungen oder in einem Fall auch eines schlechten Traumes den Flug spontan cancelten.

Aber das erklärt noch nicht, warum die Zufallsgeneratoren über vier Stunden vor dem Eintritt des ersten Ereignisses bereits große Abweichungen zeigten. Es gibt hier drei mögliche Theorien:

- Vorahnungen
  Dies würde bedeuten, dass nicht nur ein einzelnes Individuum eintretende Ereignisse im Voraus erahnen kann, sondern auch ein globales Bewusstsein eine solche Eigenschaft besitzt. Diese mögliche Erklärung halte ich für am wahrscheinlichsten.

- Terroristen
  Neben den 19 Attentätern des 11. September, die an Bord der Flugzeuge waren, gehen die Behörden davon aus, dass in Summe vielleicht 100 Terroristen der al-Qaida an der Planung und Realisierung der Flugzeugentführungen intensiv involviert waren. Die Vorbereitungen für den finalen Tag könnten in etwa vier Stunden vor den Attentaten begonnen haben. Wahrscheinlich haben die Terroristen auch in dieser Zeit ihre letzten Gebete gesprochen, wissend, dass sie sterben werden. An diese Theorie glaube ich persönlich nicht, denn die Forschungen und Daten des *Global Consciousness Project* zeigen, dass global Zufallsgeneratoren in der Regel von großen Ereignissen beeinflusst werden, in die meist Millionen Menschen involviert sind. Dass hundert Menschen ausreichen, um weltweit Zufallsgeneratoren zu beeinflussen, scheint eher unwahrscheinlich.

- Zufall
Diese Möglichkeit schließe ich aufgrund der Daten und deren Wahrscheinlichkeit aus.

Obwohl es sich nicht seriös beweisen lässt, so ist die Erklärung der Vorahnung wohl die wahrscheinlichste. Während wir die Auswirkungen – die Veränderungen der Zufallszahlen – wissenschaftlich nachweisbar messen können, ist die Ursache schwer erforschbar. Unsere Analysen basieren auf der Tatsache, dass diese Geräte, die zum Teil tausende Kilometer voneinander entfernt sind und normalerweise zufällige, willkürliche Zahlen generieren, nicht nur anormale Zahlen liefern, sondern auch miteinander korrelieren. Warum zeigt ein Zufallsgenerator in New York dasselbe Ergebnis an wie jener in Sydney?

Unsere Standardanalyse betrachtet dabei die Zunahme der Korrelation, also den Gleichklang, was die Ergebnisse betrifft, zwischen den Geräten auf der ganzen Welt. Wir betrachten sie auch paarweise und können so rund 1.000 unabhängige Paare miteinander vergleichen. Manchmal korrelieren nur einige wenige miteinander, manchmal praktisch alle. Sie erzeugen einmal höhere und einmal niedrigere Ergebnisse in ihrer Synchronizität. Bei 9/11 verglichen wir auch die Ergebnisse individueller Zufallsgeneratoren innerhalb der USA miteinander und es zeigte sich, dass jene an der Ostküste deutlich höhere Ausschläge hatten, ihre Abweichung war stärker als der Durchschnitt. Jene an der Westküste waren nicht annähernd so stark. Wenn man nur die Ost- und

Westküste Amerikas betrachtet, könnte man den Schluss ziehen: Wahrscheinlich, weil sie näher an New York sind. Doch interessanterweise war der größte Effekt des 11. September in Brasilien zu messen, 7.750 Kilometer von New York City entfernt.

Fakt ist: Keine einzige Einzelanalyse kann uns das große Bild vermitteln. Dass ausgerechnet die brasilianischen Geräte einen größeren Effekt zeigten, verdeutlicht uns, dass man mit jeder Deutung vorsichtig sein muss.

Der Effekt der Synchronisation ist unabhängig von der Distanz zum Ereignis

Betrachten wir die Auswertung der Daten und Analysen aller Ereignisse, die wir beim PEAR und im *Global Consciousness Project* gemacht haben, so kommen wir aufgrund der Beweisführung zu einem interessanten Schluss: Die Effekte sind unabhängig vom Ort. Es ist nicht wesentlich, ob ein Zufallsgenerator näher oder weiter entfernt von einem Ereignis ist. Der Effekt der Synchronisation der Geräte ist unabhängig von der Distanz.

Distanz bedeutet für unsere Forschung nicht eine geographische Entfernung, sondern eine psychologische. Die Ereignisse, die wir beurteilen, finden im mentalen Raum statt. Ob ein Ereignis in einer Entfernung von 5 oder 5.000 Kilometern stattfindet, ist für das Ergebnis irrelevant.

Gehen wir nochmals von der Theorie aus, es gibt eine Art Bewusstseinsfeld, das uns verbindet. Dieses endet nicht einfach irgendwo, sondern scheint seine Wirkung unabhängig vom Ort zu haben. Ich kann mit jemandem auf den Osterinseln ebenso verbunden sein wie in der Nachbarwohnung. Stellen Sie sich unsere Verbindung am Beispiel Ihres Mobiltelefons vor: Es ist egal, ob Sie Ihren Nachbarn in dreißig Metern Entfernung anrufen oder Ihren Freund in Melbourne. Die Verbindung funktioniert gleichermaßen, vielleicht in leicht unterschiedlicher Gesprächsqualität und mit marginaler Verzögerung. Aber sie ist ortsunabhängig. Und das scheint beim Bewusstsein ebenso zu sein. Wenn wir miteinander verbunden sind, dann sind wir es, egal welche Distanz uns trennt. Das Ereignis findet nicht nur physisch an einem Ort statt, sondern im Bewusstsein der Menschen, die es erkennen und davon betroffen sind.

Was mich in diesem Zusammenhang aber noch mehr interessierte, war die Frage, was die Synchronizität bei 9/11 auslöste: War es die Vorahnung von einem Ereignis oder das Eintreten des Ereignisses selbst? Haben die Zufallsgeneratoren schon vier Stunden vor dem Einschlag des ersten Flugzeuges in das World Trade Center anormale Werte geliefert, weil klar war, dass diese Katastrophe unweigerlich eintreten und ihren Lauf nehmen wird? Oder waren es die Gefühle der Menschen, die Angst, die Vorahnung, die für diese Anomalität gesorgt haben?

Hätten die Zufallsgeneratoren auch vier Stunden vorher extrem auffällige Anomalien gezeigt, wenn zwar die Attentäter ihren Plan bis zuletzt verfolgt hätten, aber beispielsweise durch aufmerksame Polizei oder Geheimdienste an den

Flughäfen gestoppt worden wären und sich die Katastrophe in letzter Minute doch noch abwenden hätte lassen?

Eine scheinbare Katastrophe am Samstag, 13. Januar 2018, die letztendlich doch nicht eintrat, könnte die Lösung zu dieser Frage liefern.

Atomangriff auf Hawaii – und die Lösung einer essenziellen Frage

Hawaii ist in der Geschichte Amerikas ein Ort von historischer Bedeutung. Am 7. Dezember 1941 griffen die Kaiserlich Japanischen Luftstreitkräfte die in Pearl Harbor vor Anker liegende Pazifikflotte überraschend an und bescherten der US-Marine ein Inferno gigantischen Ausmaßes, was am Tag darauf zum Eintritt Amerikas in den Zweiten Weltkrieg führte. Das Bombardement der Japaner brachte fünf Schlachtschiffe zum Sinken, drei weitere, drei Kreuzer und drei Zerstörer wurden schwer beschädigt, 188 Kampfflugzeuge zerstört. 2.403 Amerikaner ließen an diesem Tag ihr Leben. Ein Angriff, der aus dem Nichts kam, wie 9/11.

Dieses Ereignis ist in Hawaii und seiner Hauptstadt Honolulu auch siebeneinhalb Jahrzehnte später noch überall präsent.

Das Schlachtschiff USS Arizona, die versenkt wurde, auf dem Grund des Meeres liegt und über deren versunkenen Überresten ein Nationaldenkmal errichtet wurde, und die USS Missouri, auf deren Deck die formelle Kapitulation der

Japaner stattfand, sind beliebte Touristenattraktionen. Das *Pacific National Monument* erinnert mit zahlreichen Artefakten an den schicksalshaften Tag, die *USS Oklahoma Memorial* Gedenkstätte an jene, die ihr Leben beim Angriff auf Pearl Harbor ließen.

Was Krieg betrifft, sind die Menschen auf Hawaii gezeichnet fürs Leben.

Die 1,4 Millionen Einwohner Hawaiis, aber auch viele Touristen saßen am Samstag, dem 13. Januar 2018, gerade beim Frühstück, manche surften schon am Strand, andere lagen noch im Bett oder flanierten durch die Straßen. Die Sonne schien und es hatte rund zwanzig Grad Celsius. Es hätte ein schöner, ruhiger Tag werden können, doch eine SMS-Meldung um 8.10 Uhr Ortszeit auf den Smartphones der Bewohner von Hawaii, versandt von der *Hawaii Emergency Management Agency*, sollte alles verändern: »Ballistische Rakete im Anflug auf Hawaii. Suchen Sie sofort Schutz. Das ist keine Übung.«

Was dann losbrach war eine Panik ungeahnten Ausmaßes, wie sie Hawaii seit Pearl Harbor nicht mehr erlebt hatte. Der Raketenangriff auf die Inselkette im Pazifik, den 50. Bundesstaat der Vereinigten Staaten von Amerika, sollte aus Nordkorea erfolgen, wurde kommuniziert. Bereits im Dezember 2017 gab es auf Hawaii umfangreiche Alarmübungen, als US-Präsident Donald Trump und Nordkoreas Führer Kim Jong-un begannen via Twitter und Medien nukleare Drohungen gegen den jeweils anderen auszusprechen. Eine nuklear bestückte Interkontinentalrakete, so wusste mittlerweile jeder Bürger auf Hawaii, würde vom Start in Nordkorea bis zum Einschlag auf Hawaii rund dreißig Minuten Flugzeit benötigen. Nachdem es einige Zeit braucht, eine abfliegende Rakete zu orten, ihre Flugbahn zu berechnen, die Behörden zu informieren und eine Meldung zu versenden, betrug das verbleibende Zeitfenster, in dem man versuchen konnte sich zu retten, vielleicht gerade mal 15 Minuten. Auf den Highways spielten sich erschütternde Szenen der Angst und Hilflosigkeit ab. Menschen suchten verzweifelt Schutz.

»In meinem Kopf liefen wieder und wieder alle möglichen Szenarien ab, aber es gab nichts in meiner Nähe, wo man sich verstecken konnte«, erinnert sich Mike Staskow, pensionierter Hauptmann des US-Militärs, an die bangen Minuten.[1] Allyson Niven wollte nur bei ihrer Familie sein, weil es wohl die letzten Minuten in ihrem Leben sein sollten: »Ich war überzeugt, dass wir nun sterben werden. Ich fuhr los zu meinen Kindern, obwohl ich nicht sicher war, ob ich es bis zum Einschlag zu ihnen schaffe, als ich sah, was sich auf den Straßen abspielte. Es war furchtbar.«

Ray Gerst war gerade auf Urlaub mit seiner Frau, um ihren 28. Hochzeitstag zu feiern, sie waren auf einer Sightseeing-Tour und wollten gerade bei der Kualoa Ranch aussteigen, als er den Alarm am Handy sah: »Alle Busse stoppten, Leute kamen von der Ranch gerannt und sagten, wir sollen sitzen bleiben und an einen sicheren Ort weiterfahren, zu dem sie uns bringen.« Man brachte Gerst und die anderen Buspas sagiere in einen 15 Minuten entfernten Betonbunker, wie er *The New York Times* erzählte. »Es war furchteinflößend.«

An der *Konawaena High School*, wo gerade eine Wrestling-Meisterschaft stattfand, brachte man die Schüler und Gäste rasch in den Festsaal der Schule, wo die Lehrkräfte hektisch überlegten, was wohl der sicherste Ort bei einem Raketeneinschlag sei. »Jeder kooperierte«, erinnert sich Kellye Krug, der sportliche Leiter der Schule. »Als wir zusammen waren, ließen wir alle telefonieren, um ihre Eltern, Verwandten und Liebsten anzurufen. Viele Kinder weinten und hatten Angst.«

Matt LoPresti, ein Staatsangestellter, schilderte CNN, dass sich seine Kinder und er in die Badewanne setzten: »Wir hielten uns fest und beteten.«

Natalie Haena, die ihre Tochter zum Eislaufkurs bringen wollte, als der Alarm kam, erinnert sich an die schlimmsten Minuten ihres Lebens: »Da ist nichts, was du machen kannst, wenn eine Atomrakete im Anflug ist. Wir haben keinen Bunker oder etwas Vergleichbares. Es gibt keinen Schutz, du kannst nirgends hin.«[2]

Es sollte 15 Minuten dauern, bis die Behörden realisierten, dass es ein Fehlalarm war, und insgesamt 38 lange Minuten, bis der angebliche Atomraketenangriff auf Hawaii auch als solcher breit kommuniziert wurde. 38 Minuten, in denen über eine Million Menschen verzweifelt um ihr Leben bangten, weinten, sich fürchteten, beteten, sich von ihren Liebsten verabschiedeten. Es war schlicht ein menschlicher

Fehler, der zu diesem Ausnahmezustand führte. Während des Schichtwechsels im Emergency Command Post »klickte jemand«, so Regierungssprecher Richard Rapoza, »auf den falschen Knopf«. Das war alles.

Für uns beim *Global Consciousness Project* war dieser Fehlalarm jedoch eine Fügung des Schicksals. Denn wenn dieser Angriff tatsächlich passiert wäre, so wären seine Auswirkungen noch viel dramatischer als die Angriffe des 11. September.

Es wären wahrscheinlich hunderttausende Menschen ums Leben gekommen und die Attacke hätte unweigerlich einen Atomkrieg zur Folge gehabt, womöglich sogar den Dritten Weltkrieg. Während dieser 38 Minuten wusste aber niemand, dass keine Rakete einschlagen wird. Die Ängste, die Furcht, die Gefühle waren real und da, nicht bei wenigen Menschen, sondern bei deutlich mehr als einer Million. Und die Möglichkeiten der sofortigen Kommunikation durch soziale Medien ließen Millionen Menschen rund um den Erdball an dem schrecklichen Ereignis in Echtzeit teilhaben.

Wenn also die Emotionen alleine ausschlaggebend sind, um Zufallsgeneratoren zu beeinflussen, und nicht das tatsächliche Ereignis selbst, so müssten unsere Messgeräte rund um den Morgen des 13. Januars 2018 weltweit massive Anomalien gezeigt haben, wie das auch bei 9/11 der Fall war, und dort sogar schon vier Stunden zuvor. Es müsste eine Synchronisation bei den Zufallsgeneratoren weltweit eintreten, denn eine Million Menschen hatten Angst vor dem eigenen Ende, das unmittelbar bevorstehen sollte.

Doch was zeigten unsere Messgeräte an? Nichts. Keine Anomalie. Es gab keinen globalen Bewusstseinseffekt, wie wir ihn bei vielen anderen Ereignissen sahen – weder davor noch während des vermeintlichen Ereignisses noch danach. Obwohl über eine Million Menschen 38 Minuten lang in Todesangst waren und in ihren Köpfen ein Atomkrieg real wurde, beeinflussten ihre Emotionen nicht unsere sensiblen Messgeräte.

Beeinflusst nur ein tatsächlich stattfindendes Ereignis das globale Bewusstsein?

Das lässt nun aber eine spannende These zu: Nur ein tatsächlich stattfindendes Ereignis beeinflusst unser globales Bewusstsein und lässt sich auch dementsprechend messen und nachweisen. Es gab keinen Atomangriff auf Hawaii – und trotz der Furcht und Angst von über einer Million Menschen daher auch keine Auswirkungen auf unsere Messgeräte.

Bei statistischen Ergebnissen dieser Art muss man jedoch stets bedenken: Die statistischen Effekte, die messbar sind, sind klein, es ist also nicht immer einfach, sie von zufälligen Verzerrungen zu unterscheiden. Langfristig können reale Effekte nur durch geduldige Analyse und Wiederholungen identifiziert werden. Unsere Messinstrumente sind

limitiert und wir wissen, dass kein einzelner Event verläss-
lich alleine interpretiert werden kann.

Dies vorausgesetzt, lassen Sie uns einen Blick auf die
Auswirkungen werfen. Verfolgt man nämlich diesen Gedanken stringent weiter, so würde das bedeuten: Bei den
Terroranschlägen des 11. September 2001 zeigten die Zufallsgeneratoren weltweit bereits vier Stunden früher massive Anomalien in Form einer zunehmenden Ordnung und
von Synchronizitäten, weil es zu diesem Zeitpunkt bereits
feststand, dass die Attacken tatsächlich erfolgen werden. Es
waren messbare Auswirkungen eines Ereignisses, das in der
Zukunft liegt und tatsächlich passieren wird.

Wäre der Atomangriff auf Hawaii Wirklichkeit geworden,
der noch einen viel größeren Impact auf unsere ganze Welt
gehabt hätte als 9/11, hätten vielleicht schon Stunden, zumindest aber unmittelbar davor unsere Messgeräte massive
Standardabweichungen zeigen müssen, was sie aber nicht
taten.

Je mehr wir also in die Materie des globalen Bewusstseins
eintauchen, desto faszinierender ist es. Und es stellen sich
auch Fragen, die schon Generationen vor uns beschäftigt
haben.

Das Böse in der Welt:
Nutzte Adolf Hitler unser globales Bewusstsein?

Wenn wir alle miteinander verbunden sind, kann man dieses globale Bewusstsein auch missbrauchen, indem man es für das Böse nutzt?

Adolf Hitler war einer der größten Verbrecher der Menschheitsgeschichte, der für den Zweiten Weltkrieg, den Holocaust und die Ermordung von Millionen Menschen verantwortlich ist. Wer seine Reden studiert und analysiert, der findet eine wohldurchdachte Inszenierung: von der Gestik und Mimik über das monotone Intonieren bis hin zu schreienden Momenten einer hysterisch kippenden Stimme. Wie konnte so ein Mann Millionen Menschen dazu bringen, ihm bedingungslos zu folgen, begeistert in einen mörderischen Krieg zu ziehen und Massenmorde in einem millionenfachen Ausmaß zu begehen, die in der an Grausamkeiten wahrlich nicht armen Historie unserer Welt einzigartig sind?

Haben Diktatoren wie Hitler ein kollektives, globales Bewusstsein für ihre mörderischen Ziele genutzt und missbraucht? Und wenn ja, dann zufällig oder bewusst?

Wir kennen Hitlers Gedanken und auch jene seiner willigen Vollstrecker nicht, wir haben keine empirischen Daten, um diese Fragen wissenschaftlich fundiert zu beantworten. Aber es finden sich in den historischen Beschreibungen und in der Literatur doch einige interessante Anhaltspunkte.

Hitler und seine Gefolgsleute wussten, wie man Emotionen ausnützen, wie man sie verstärken und wie man Menschen in größeren Gruppen, in Massen zusammenbringen kann, um so hasserfüllte Emotionen zu erzeugen und diese Gefühle zu synchronisieren.

Diktatoren wie Hitler waren charismatische Redner, sie wussten um Emotionen wie Angst, Neid und Missgunst, sie suchten sich Mitstreiter für ihren Führungskader aus, die willigen Gehorsam zeigten und nutzten ihre Fähigkeiten, um den Deutschen vorzuspielen, eine humane Gesellschaft aufzubauen, die in Wahrheit eine vom Bösen getriebene, inhumane Kultur hervorbrachte. Es ist eine der größten und rätselhaftesten Tragödien, dass ausgerechnet die Deutschen, die unsere Welt durch ihre Kunst, Musik, Poesie, Wissenschaft und wundervolle Beiträge zur Menschlichkeit zum Besseren veränderten, so in die Irre geleitet werden konnten.

Die Kunst, die Hitler beherrschte, war in das Bewusstsein der Menschen jene Art der Verdächtigungen und negativen Emotionen zu bringen, die in jedem von uns schlummern.

Enge Mitstreiter Hitlers wie der Reichsführer SS Heinrich Himmler beschäftigten sich intensiv mit Mystik. Der US-Dokumentarfilm *Nazis: Die okkulte Verschwörung* von Tracy Atkinson und Joan Baran aus dem Jahr 1998, der für Discovery Channel produziert wurde, zeigt Zusammenhänge zwischen okkulter Religion, Esoterik und dem Nationalsozialismus auf. So seien okkulte Praktiken Basis für das Training von Offizieren und die Beeinflussung der Bevölkerung durch die Propagandamaschinerie gewesen. Alchemie, Astrologie, aber auch Magie versuchten die Nazis zu erforschen und für ihre Zwecke zu nutzen.

Pater Gabriele Amorth, Exorzist der Diözese Rom und Vorsitzender der Internationalen Exorzistenvereinigung, über Jahrzehnte der Chefexorzist des Vatikans, ging sogar so weit, dass er in einem Interview mit Radio Vatikan 2006 behauptete, sowohl Adolf Hitler als auch Josef Stalin seien von Dämonen besessen gewesen. Angeblich hätte Papst Pius XII. während des Zweiten Weltkrieges vom Vatikan aus sogar versucht, einen Exorzismus an Hitler auszuführen, aber die Fern-Teufelsaustreibung schlug fehl.

Wie man auch immer dazu stehen mag, Parallelen zwischen Ritualen, Zeichen und Symbolen der Nationalsozialisten und dem Okkultismus sind nicht zu leugnen.

Könnten die Nationalsozialisten unter Adolf Hitler mit den Massenphänomenen vielleicht auch das globale Bewusstsein genutzt haben, um Menschen negativ zu beeinflussen?

Ich denke, wir können das bejahen. Die Beweise sind überzeugend, dass es immer wieder ein kollektives Bewusstsein, wenn auch nicht immer global, so zumindest kulturell ausgeprägt, mit bösem Charakter gab. Wir sollten uns dessen bewusst sein und die Möglichkeit nicht ausschließen.

Wir müssen selbstkritisch und wach sein

Wenn wir nicht selbstkritisch und wach sind, wenn wir uns nicht bewusst dafür entscheiden den positiven Weg zu nehmen, laufen wir Gefahr von charismatischen Persönlichkeiten benutzt zu werden, die unsere Emotionen in radikale Richtungen steuern, ohne dass wir es anfangs merken. Wir sehen das an vielen rechten oder sogar rechtsradikalen Strömungen in Europa und den USA, die selbst vor Regierungen nicht haltmachen.

Wenn wir aber auf das Gute in der Welt hören, wenn wir beginnen unsere tiefe Natur zu verstehen, wenn wir offen sind für die immerwährende Weisheit und das, was wir von alten Kulturen lernen können, die Beschreibung der Natur, unserer Welt und des Universums, wenn wir gerecht leben, anderen helfen, Empathie über Egoismus stellen, wenn wir Gutes tun und die Wahrheit sprechen, dann können wir unsere Welt zum Besseren verändern.

Persönlichkeiten wie der Dalai Lama sind Leuchttürme auf diesem Weg. Meditation und Gebete haben eine Kraft, die uns alle zum Positiven verändern und sogar Krankheiten beeinflussen kann. Kaum zu glauben, aber wahr.

Die Evolution ist ein unvollendeter Prozess

Wenn wir einen Blick in Teilhard de Chardins Werke werfen, erfahren wir, dass die schrittweise Evolution des Lebens ein unvollendeter Prozess ist. Wir können einen Teil der Zukunft, der uns entgegenrast, schon jetzt erkennen, aber wir verfügen über keine Fähigkeiten heute schon zu wissen, wie die Zukunft wirklich aussehen mag. In den vergangenen Jahren entwickelte eine zunehmende Zahl von Menschen ein neues, starkes, konzeptionelles Gerüst, das wir »bewusste Evolution« nennen. Wir müssen erkennen, welche gewaltigen, unbewussten Verbindungen zwischen uns Menschen bestehen.

Wenn uns dieses Einssein immer mehr bewusst wird, wie es in den Sagen und von Heiligen in der Geschichte der Menschheit und in allen Kulturen immer wieder beschrieben wurde, dann wird sich unser Leben grundlegend verändern.

Das Ziel, das immer sichtbarer am Horizont erscheint, ist bewusster zu sein, was unsere eigene Entwicklung betrifft. So können wir unserer tatsächlichen Bestimmung folgen.

Ist das wirklich möglich? Ich denke schon.

Die Beweise für ein globales Bewusstsein legen eine Parallele zu den Milliarden von Neuronen nahe, die unser individuelles Bewusstsein erzeugen, einfach indem sie ihre Aufgabe als funktionierende Zellen erfüllen, die in einer komplexen Matrix miteinander verbunden sind. Alles, was wir für eine bewusste Evolution benötigen, ist uns wie völlig entwickelte Menschen zu verhalten, unsere Verbindungen zu akzeptieren und als Teil unseres Lebens zu sehen.

DIE KRAFT DER MEDITATION

Wie wir unser Leben und auch
die Welt verändern können

**Wie positive Gedanken auch unsere
Gesundheit beeinflussen können**

Was Meditation in Menschen auslösen kann

Wenn wir Experimente mit Zufallsgeneratoren machten, so fanden diese anfangs in unserem Labor an der *Princeton University* statt, später rund um den ganzen Erdball in stationären Einrichtungen. Doch wir wollten auch Ereignisse außerhalb der geschützten Laboratmosphäre untersuchen und messen. Wir nannten diese Testreihen FieldREG Experiments, Feldversuche mit Zufallsgeneratoren.

Was mich besonders interessierte war: Können Gebete, kann Meditation die Ergebnisse eines Zufallsgenerators beeinflussen?

Wenn eine Gruppe meditierender Menschen Materie beeinflussen kann, so dass ein unbestechliches Gerät Ergebnisse liefert, die es eigentlich nicht liefern dürfte, wäre dies ein klares Indiz dafür, dass während der Meditation etwas stattfindet, das wir messen können.

Wir nahmen also mobile Zufallsgeneratoren zu Meditationssitzungen mit und stellten das Gerät in der Mitte des Raumes auf, wo Menschen meditierten. Dann dokumentierten wir, wann die Meditation begann, wann sie konzentriert und effektiv war und wann sie endete. Danach sahen wir uns die Daten an und analysierten diese.

Unsere Experimente zeigen:
Meditation setzt Kräfte frei, die Materie beeinflussen kann

Und tatsächlich: Wenn Menschengruppen meditieren, gibt es eine Tendenz, dass die Ergebnisse der Zufallsgeneratoren vom Standardwert abweichen. Es passiert nicht immer, aber doch häufig. Die Meditation beeinflusst anscheinend die Maschine. Doch was passiert dabei genau?

Hier können wir nur Thesen aufstellen: Das kollektive, kohärente Bewusstsein der Gruppe, die gemeinsam meditiert, erzeugt eine Art Informationsfeld, das die zufällige Sequenz des Generators so verändert, dass diese strukturierter ist. Es tritt eine Ordnung in den Zahlenreihen ein, die deutlich von der Norm abweicht und eigentlich nicht sein dürfte.

Es passiert also eindeutig etwas, was sich wissenschaftlich messen, aber derzeit noch nicht erklären lässt. Das ist faszinierend und zeigt, dass Meditation eine subtile, aber eindeutige Wirkung haben muss. Viele Menschen, die meditieren, berichten vom Einswerden mit sich selbst, von positiven Energien und dem Erreichen einer Bewusstseinsebene, die man zuvor nicht kannte. Zweiflern, die bisher nicht an die Wirkung von Meditation glaubten, kann ich aufgrund unserer Experimente sagen: Da passiert tatsächlich etwas, und nicht nur mit uns, sondern auch mit unserem Umfeld und wahrscheinlich sogar darüber hinaus.

Nicht nur ich habe solche Experimente mit meditierenden Gruppen gemacht, sondern auch zahlreiche andere Wissenschaftler. Die Ergebnisse waren durchwegs messbare Abweichungen von der Zufälligkeit hin zu einer zunehmenden Ordnung. In anderen Worten: Es gibt einen klaren Effekt.

Speziell wenn große, einheitliche Gruppen meditierten, ließ sich dieser Effekt besonders deutlich messen. Wir stellten fest, dass bei größeren Gruppen, die intensiv fokussiert waren, die Ergebnisse am stärksten waren. Es setzte ein starker, kohärenter Effekt ein. Wenn die Gruppen von erfahrenen Personen geleitet wurden, wie beispielsweise routinierten Siddhi-Meistern, die ganz einfach in einen Zustand tiefer Meditation gelangen können, waren nicht einmal viele Menschen notwendig, um diesen Effekt zu erzielen.

Eines der faszinierendsten Meditations-Experimente, die ich machte, war mit zwei Meditationsgruppen, wovon eine in Iowa war und die zweite in Washington, D.C. Sollten Sie die Topografie der USA nicht so genau kennen: Iowa liegt ziemlich in der Mitte des Landes, Washington ganz im Osten. Dazwischen liegen rund 1.600 Kilometer Entfernung. Beide Gruppen bestanden aus erfahrenen Siddhi-Meditatoren. Siddhi bezeichnet im Buddhismus und Hinduismus bestimmte übernatürliche Kräfte und Fähigkeiten, die man durch spirituelle Praxis erlangt. Diese Siddhi-Meister versammelten sich im Sommer 2006 und meditierten praktisch den gesamten Sommer lang. Die Idee war zu sehen, ob es möglich war durch ihre Meditation die Kriminalitätsraten und andere soziale Indikatoren positiv zu beeinflussen. Vielleicht würden sich die Auswirkungen sogar auf meine Zufallsgeneratoren erstrecken.

Das sogenannte Gute

Das Ergebnis überraschte uns alle: Ja, es war möglich. Unser Netzwerk an Zufallsgeneratoren zeigte besonders signifikante Abweichungen von der Norm während jener Messzeiträume, die wir auswählten. Das Ausmaß der Abweichung korrelierte mit der Anzahl der Personen, die sich zur Meditation versammelten. Das bedeutet: Je mehr Menschen meditierten, desto stärker war der Effekt. Zu Spitzenzeiten meditierten fast 2.500 Menschen, alle erfahrene Siddhis, gleichzeitig.

Was bedeutet das wissenschaftlich: Das Einzige, was wir messen können, ist der Effekt, die Auswirkung solcher Ereignisse auf unsere Zufallsgeneratoren. Liefern sie Ergebnisse abseits der Norm und wenn ja, in welchem Ausmaß? Und tritt zwischen den völlig unabhängigen, nicht miteinander verbundenen Messgeräten eine Synchronisation ein, das heißt entsteht eine Kohärenz, wo sich im selben Ausmaß die gleichen Veränderungen an mehreren oder sogar allen Messgeräten zeigen? Dann ist der Nachweis erbracht, dass die Meditation eine messbare Wirkung hat.

Als Wissenschaftler kann ich festhalten: Es scheint, dass Meditation Materie – in Form unserer Messgeräte – beeinflussen kann. Einige tausend Menschen, die in einem meditativen Zustand sind, reichen aus, um Zufallsgeneratoren und ihre Ergebnisse zu verändern. Warum dies so ist, kann ich Ihnen als Wissenschaftler nicht erklären. So wie Ihnen weder ein Neurologe noch ein Psychiater erklären kann, wie unser Gedächtnis im Detail funktioniert und warum wir ein Bewusstsein haben. Daran zweifeln wird trotzdem niemand.

Als Mensch sage ich Ihnen: Meditation hat ebenso wie das Gebet – dazu später noch mehr – eine ungeheure Kraft. Meditation kann vieles zum Positiven verändern. Wenn Sie Probleme lösen und zu sich finden, wenn Sie Kraft tanken und Dinge positiv beeinflussen wollen, dann beginnen Sie zu meditieren. Sie werden fasziniert sein, wie schnell Sie Ihre Persönlichkeit und letztendlich Ihr Leben zum Besseren verändern können.

Können wir durch Meditation Ereignisse beeinflussen?

Wenn also Meditation tatsächlich messbare Auswirkungen hat, könnten dann tausende, hunderttausende oder sogar Millionen Menschen, die meditieren, unsere Welt und den Lauf der Geschichte zum Positiven verändern? Als Wissenschaftler kann ich hier keinen seriösen Beweis bieten, aber als jemand, der sich fast vier Jahrzehnte mit dem Thema beschäftigt, sage ich Ihnen: Ja, das scheint möglich zu sein. Aber es ist kein unmittelbarer Prozess.

Ich verfolge seit langem Meditationen. Über 100 der fast 500 Ereignisse, die wir bisher mit dem *Global Consciousness Project* (GCP) wissenschaftlich untersuchten, betrafen Meditationen.

Mein Kollege Bryan Williams von der *University of New Mexico*, Abteilung für Psychologie, hat diese Daten für eine spezielle Analyse aufbereitet. Er nannte sie *Global Harmony Events* und untersuchte alle dieser Ereignisse wissenschaftlich. Er kam praktisch zum selben Ergebnis, zu dem ich vorher bei der Analyse einiger derartiger Events gelangt war. Diese Events hatten das Ziel, große Gruppen von Menschen weltweit mit dem Fokus auf einen positiven Zustand für die Zukunft zu versammeln. Diese Einheit kann auf einer Massenskala als mental und sozial kohärenter Zustand beschrieben werden, und somit als günstig für einen angenommenen globalen Bewusstseinsfeld-Effekt gewertet werden, den man mit Zufallsgeneratoren messen kann. Ich habe im Januar 1997 während der *Gaiamind*-Meditation bereits einen solchen statistischen Effekt nachgewiesen und in Folge in mehreren Studien alleine und gemeinsam mit meinem Kollegen Dean Radin veröffentlicht. 2001 untersuchte ich schließlich 17 solche Events und erzielte einen Effekt mit einer Wahrscheinlichkeit von 1 zu 300. Das konnte kein Zufall mehr sein. Bryan Williams bestätigte schließlich in seiner Untersuchung von 110 solcher Ereignisse, dass Meditation tatsächlich eine messbare Auswirkung hat. Der kombinierte Effekt aller derartigen Events hatte sogar eine Wahrscheinlichkeit von 1 zu 2.000.

Woran Menschen denken und was sie sich wünschen, verändert unsere Welt

Ist es wichtig, dass Meditationen das Verhalten von Zufallsgeneratoren verändern? Für sich betrachtet nein. Aber: Die Tatsache, dass eine physische Veränderung irgendwo in der Welt durch Meditation stattfindet und dass Menschen, die die Ursache dafür sind, nicht einmal davon wissen – das ist wesentlich. Denn es zeigt eindeutig: Woran Menschen denken und was sie sich wünschen, erzeugt einen Unterschied im Vergleich zu dem, was passieren würde, wenn sie es nicht täten.

Die *Transcendental Meditation Group* forscht seit Jahrzehnten über die Auswirkungen von Meditation, auch in Bezug auf Heilung. Eine Prognose, die sie trifft ist, dass Gruppenmeditation einen Ausbreitungseffekt auf die Umwelt hat. Die Beruhigung und Entspannung, die Menschen fühlen, wenn sie meditieren, hat auch einen positiven Effekt auf ihr unmittelbares Umfeld, aber auch auf die Menschen in der sie umgebenden Stadt, und verändert sogar das soziale Umfeld.

Der Wissenschaftler David Orme-Johnson war einer der Studienleiter: »Unser Ansatz war die Frage: Wenn nur 1 Prozent der Gesellschaft meditiert, lässt sich dann die Kriminalitätsrate senken? Dieser Effekt wurde bereits 1974 in vier Städten im Mittleren Westen Amerikas erstmals gemessen, die alle Universitäten hatten, bei denen es eine große Studentenbewegung gab, die meditierte. Damals lernten 40.000 Menschen Transzendentale Meditation, und tatsächlich: Die Verbrechensrate sank, obwohl sie zuvor kontinuierlich stieg. Bei vier anderen Kontrollstädten, ebenfalls im Mittleren Westen, mit ähnlicher Bevölkerungs- und Universitätsgröße, wo nicht 1 Prozent der Gesellschaft meditierte, ging die Kriminalitätsrate wie bisher nach oben. Das war die erste Studie dieser Art. Bis heute gibt es über fünfzig solcher Studien, die spannendste enthielt über achtzig statistisch standardisierte Stadtgebiete in den USA. Als die Anzahl der Menschen in der Bevölkerung, die Transzendentale Meditation praktizierten, zunahm, nahm korrelierend dazu die Kriminalitätsrate ab.«

Die Studien wurden in zahlreichen wissenschaftlichen Publikationen veröffentlicht wie dem *Journal of Conflict Resolution*. So wurden auch Studien über die Senkung der Kriminalitätsrate in Städten wie Washington, D.C., Los Angeles und sogar dem Nahen Osten gemacht. Obwohl Entscheider wie der Herausgeber des *Journals of Conflict Resolution* oder unabhängige Gutachter meinten, sie würden nicht an diesen Effekt glauben, waren die wissenschaftlichen Studien so sorgfältig und präzise gemacht, dass sie diese trotzdem veröffentlichten. Der Herausgeber veröffentlichte sogar einen Leitartikel dazu, in dem er festhielt, dass er nicht daran glaube, aber in den Studien und Experimenten sowie den Forschungsergebnissen sei kein Fehler zu finden, da sie seriös und professionell durchgeführt worden seien, so dass nichts gegen eine Veröffentlichung spräche.

Was sagt uns das über den generellen Umgang mit Phänomenen, die wissenschaftlich kaum erforschbare Grenzbereiche betreffen, ob parapsychologische Phänomene wie Telepathie, Telekinese oder schlicht Meditation oder ein globales Bewusstsein? Es herrscht eine generelle Skepsis in der wissenschaftlichen Welt dazu vor. Da man viele Phänomene – noch – nicht versteht, oft zwar sogar messen, aber nicht erklären kann, werden sie gerne ignoriert. Sowohl beim PEAR Lab als auch beim *Global Consciousness Project* taten sich viele Wissenschaftler schwer mit Kritik, weil Ersteres von einer der führenden Universitäten der Welt mit ebensolchen hohen wissenschaftlichen Standards initiiert und geführt wurde und Letzteres über hundert Wissenschaftler aus aller Welt vereint, nicht nur aus Princeton, sondern auch von anderen Universitäten. Hier sind keine Esoteriker am Werk, sondern erfahrene Wissenschaftler. Aber selbst wir wurden immer wieder mit Skepsis und Kritik bedacht, weil für viele einfach nicht sein kann, was nicht sein darf.

Das ändert trotzdem nichts daran: Es gibt eine Verbindung zwischen uns Menschen. Unsere Gedanken können Materie und wohl auch das Geschehen in der Welt beeinflussen.

David Orme-Johnson geht in seinem theoretischen Ansatz noch weiter: »Unsere Theorie ist, dass der Effekt solcher großen Gruppenmeditationen unbegrenzt und unendlich ist und das ganze Universum erreicht. Eine kleine Gruppe hat vielleicht nur einen begrenzten Radius. Aber das ist eben sehr theoretisch.«

Was er ebenso feststellte: »Auf dem individuellen Level zeigt sich, dass die Wirkung einer meditierenden Person auf eine zweite, die davon betroffen ist, stärker ist, wenn sich die Menschen genetisch ähnlicher sind. Das heißt, zwischen Familienmitgliedern, Verwandten, et cetera ist dieser verbindende Effekt größer. Sie sind stärker miteinander verbunden.«

Seltener krank durch Meditation

David Orme-Johnson ist ein stets gut gelaunter, freundlicher Wissenschaftler Mitte siebzig, der fast sein gesamtes Leben als Forscher den Geheimnissen der Meditation widmete. Er lehrte viele Jahre an der *Maharishi University of Management* in Fairfield, Iowa, als Professor für Psychologie und Neurowissenschaften und veröffentlichte über einhundert wissenschaftliche Studien über die Auswirkungen und Effekte Transzendentaler Meditationstechniken. Bereits an der Universität von Texas in El Paso (UTEP), wo er zuvor lehrte, veröffentlichte er die weltweit erste Studie über die Effekte von Meditation auf die autonome Erholung und Besserung von Stressfaktoren. Sie wurde im renommierten

Fachjournal *Psychosomatic Medicine*, dem Journal der *American Psychosomatic Society*, veröffentlicht. Davor war David Forschungsdirektor des Drogenrehabilitationsprogramms der US-Armee in Fort Bliss. An der *Maharishi University of Management* war er Vorstand der Abteilung für Psychologie, Dekan für Forschung und Direktor des Instituts für Weltfrieden.

Das Ergebnis seiner jahrzehntelangen Arbeit zeigt, dass Meditation nicht nur den Gesundheitszustand verbessern, sondern auch Verbrechen bekämpfen und eindämmen kann. »Es gibt alleine 600 Studien über Transzendentale Meditation, die an über einhundert verschiedenen Universitäten durchgeführt wurden, mit denen man beginnen kann«, lächelt Orme-Johnson und greift zur Tasse Tee. »Als ich meine wissenschaftliche Karriere begann, war ich extrem gestresst und überlegte, was ich machen kann, um das zu verbessern. So fing ich an zu forschen.« Er begann mit einer Ausbildung zum experimentellen Psychologen und beschäftigte sich mit dem Behaviorismus, dem von B. F. Skinner, einem der bedeutendsten Psychologen des 20. Jahrhunderts, geprägten wissenschaftstheoretischen Konzept. Skinner erfand die Bezeichnung operante Konditionierung, nach der die Häufigkeit eines Verhaltens durch seine angenehmen oder unangenehmen Konsequenzen nachhaltig verändert wird, und das programmierte Lernen, eine effektive Methode der Lernpsychologie. Das war Orme-Johnsons Background. »Was mich anfangs faszinierte war Stress und wie man diesen vermindern kann, schon aus eigenem Interesse. Ich lehrte Experimentelle Psychologie und begann mit Experimenten, wo ich den Hautwiderstand meiner Studenten maß, um ihre Stressreaktion zu testen, wenn sie lauten Lärm hörten, den wir einspielten. Einige der Studenten meditierten, andere nicht. Wie die Experimente zeigten, ging es jenen deutlich besser, die meditierten.«

»Es gibt jede Menge wissenschaftliche Literatur über raschere Genesung bei größerer Ich-Stärke, also Selbstvertrauen. Das Nervensystem ist stabiler. Jene, die meditierten, hatten generell bessere Werte. Ich war der erste Wissenschaftler weltweit, der die Effekte von Meditation auf Stress erforschte«, erzählt David Orme-Johnson über seine experimentellen Anfänge.

1985 startete einer von Orme-Johnsons Freunden eine Abteilung der *Blue Cross Blue Shield* Krankenversicherung: »Er wollte diese speziell für Menschen machen, die meditieren. Wo immer du auch lebst, wenn du Transzendentale Meditation praktizierst, kannst du dieser Sonderversicherung beitreten. Er zeigte mir die Daten und Aufzeichnungen: Die Meditierenden hatten halb so wenig Krankenhausaufenthalte wie normale Versicherte, waren halb so oft krank. Wenn sie in eine Klinik mussten, wurden sie um ein Drittel früher entlassen. Ich übermittelte die Ergebnisse an eine Vielzahl von psychosomatischen Medizinern. Sie sagten: ›Das sind die generellen globalen Statistiken, wie sieht es individuell bei den einzelnen Krankheiten aus?‹« Orme-Johnson tauchte tiefer in das Datenmaterial ein: »Es gab 19 verschiedene

Blue-Cross-Blue-Shield-Kategorien von Krankheiten: Herzkrankheiten, Krebs, Krankheiten des Verdauungsapparates, et cetera. Jene, die Transzendentale Meditation machten, lagen in jeder einzelnen Kategorie unter den Werten der ›normalen‹ Versicherten. Selbst wenn man die Alterskategorien verglich, lagen die Meditierenden in jeder einzelnen Altersgruppe signifikant unter allen anderen, bei den älteren waren die Werte proportional noch viel geringer als bei ihren Altersgenossen. Das schien zumindest den Schluss zuzulassen, dass Meditation auch eine präventive, also vorbeugende Wirkung haben dürfte, die sich mit zunehmendem Alter besonders zeigt. Da die Kosten für medizinische Versorgung generell im Alter zunehmen, da ältere Menschen häufiger medizinische Hilfe benötigen als junge, würde Meditation somit einen ganz wesentlichen Einfluss auf die medizinischen Kosten für die Betreuung älterer Menschen haben. Dies bedeutet, dass Meditation nicht nur gesundheitliche Auswirkungen und solche auf das Wohlbefinden hat, sondern auch wirtschaftliche.« Anders ausgedrückt: Versicherungen könnten eine Menge Geld sparen, wenn mehr Menschen meditieren.

Je mehr Meditation, desto besser

Oder wie es David Orme-Johnson formuliert: »Je mehr Meditation, desto besser.« Nach diesen eindrucksvollen Ergebnissen forschte der smarte Wissenschaftler immer weiter. »Ich wiederholte diese Versuche mit einer ganz anderen

Gruppe: den Mitarbeitern unserer Universität. Und ich verglich ihre Ergebnisse mit jenen der Mitarbeiter anderer Colleges in Iowa. Dadurch hatten wir eine ideale Kontrollgruppe: Die Versuchspersonen hatten gleiche Jobs, dasselbe Wetter, denselben Lifestyle, saßen annähernd gleich häufig vor ihren Computern, alles war fast ident. Und das Ergebnis war dasselbe wie bei der Versicherung. Die meditierende Gruppe erzielte im Durchschnitt deutlich bessere Ergebnisse. Sie war 60 bis 70 Prozent seltener krank. Es scheint also eindeutig zu sein, dass Meditation eine positive gesundheitliche Wirkung hat.«

Was können mögliche Gründe dafür sein? Sie sind vielfältig. Tiefe Ruhe fördert Heilung. Wenn man krank wird ist das Erste, was ein Arzt empfiehlt, Ruhe.

Betrachtet man die Physiologie, wenn jemand Transzendentale Meditation macht, so sieht man eine Herabsetzung der anatomischen Basisfunktionen, der Stresslevel wird reduziert, es tritt in einem ganz anderen Ausmaß eine innere Ruhe ein, als wenn man einfach nur die Augen schließt. »Wenn zwei Menschen auf einer Bank sitzen, beide mit geschlossenen Augen, einer meditiert während der andere nur die Augen geschlossen hält, so erkennt man nach außen keinen Unterschied, physiologisch jedoch schon: Die Herzrate des Meditierenden ist stärker rückläufig, die Atmung nimmt ab und wird viel langsamer und ruhiger, der Laktatspiegel im Blutplasma nimmt stärker ab und so weiter. Wir haben eine Vielzahl solcher Faktoren messen können«, beschreibt Orme-Johnson die Ergebnisse seiner Forschung.

Zusammen mit seinem Kollegen Michael Dillbeck veröffentlichte er medizinische Analysen von 32 verschiedenen Studien. Die Ergebnisse sind eindeutig: »Transzendentale Meditation versetzt Sie in einen Zustand tiefer innerer Ruhe, der positive Auswirkungen auf Ihr Leben hat. Ich habe Meditation für mich selbst gefunden, meine Frau ebenso, und ich habe über 2.000 Menschen in Transzendentaler Meditation unterrichtet, die es seitdem jeden Tag praktizieren«, so Orme-Johnson. »Es gibt nichts Besseres für die Stressreduktion. Und jeder kann es erlernen.«
Aber wie?

Von Deepak Chopra bis Gwyneth Paltrow: Transzendentale Meditation und ihre Fans

Die Transzendentale Meditation, die auf die Techniken von Maharishi Mahesh Yogi im Indien der 1950er-Jahre zurückgeht, hat auf der ganzen Welt praktizierende Unterstützer: Deepak Chopra, Gwyneth Paltrow, aber auch Ellen DeGeneres, die Beatles, Susan Sarandon, *Twin Peaks*-Regisseur David Lynch und Katy Perry schwören auf die Techniken. »Das Geheimnis des Lernens sind die Mantras«, sagt Orme-Johnson, »von denen wir aus der Tradition und Überlieferung wissen, dass sie einen positiven Effekt erzeugen. Wissenschaftlich ist die Beweisführung schwierig. Als ich zu meditieren begann, war mein erster Gedanke: Wir sollten alle möglichen Sounds und Texte ausprobieren und sehen, was am besten wirkt. Und praktisch jeder Wissenschaftler, mit dem ich darüber sprach, hatte denselben Ansatz. Aber es gibt genügend gute Gründe, den traditionellen Weg zu wählen und die seit langem überlieferten Mantras zu praktizieren. Sie stammen von erleuchteten Menschen. Es gibt nichts in der modernen Wissenschaft, in der Psychologie, keinen Rahmen oder Erklärungsweg, um zu verstehen, wie Mantras wirken. Wer mit Transzendentaler Meditation beginnen will, sollte es nicht alleine versuchen, sondern sich einen erfahrenen Lehrer suchen, den es mittlerweile in fast jeder Stadt gibt. Ein erfahrener TM-Lehrer vermittelt Ihnen das Mantra, das speziell für Sie wirkt. Es gibt eine Handvoll solcher und ein System, wie man diese zuordnet. Ein guter Lehrer erklärt Ihnen, wie Sie diese richtig anwenden.«

»Der Ansatz ist sehr subtil«, so Orme-Johnson. »Denn wenn wir Menschen vor einer Aufgabe stehen und sehen, dass es nicht so läuft wie wir wollen, versuchen wir es nochmals und geben uns größere Mühe. Wenn Sie Geige spielen wollen, müssen Sie üben, üben, üben und sich auf das Wesentliche konzentrieren. Bei Transzendentaler Meditation und dem Mantra ist es anders: Sie lernen es in einem scheinbar mühelosen Weg, Sie lassen es einfach laufen. Es gibt eine Vielzahl von Mantra-Meditationen, bei denen herrscht völlige Stille. Zu Beginn sagt es Ihnen Ihr Lehrer, dann verinnerlichen Sie es und sagen es schließlich zu sich selbst. Die ruhigen Levels Ihres Geistes sind glückseliger. Dieses transzendentale Level zu erreichen, diesen Zustand der Ruhe, Harmonie und des Glücks, ist das, was wir alle anstreben. Das Mantra löst etwas in Ihnen aus, aber ohne Richtung, es ist wichtig, dass es keine Bedeutung hat. TM ist anders, denn hier konzentrieren Sie sich nicht auf bestimmte Dinge. Sie lassen es einfach laufen. Daher ist es wichtig, TM zunächst mit einem erfahrenen Lehrer zu praktizieren, bis Sie soweit sind, dass Sie es selbst können.« Transzendentale Meditationskurse dauern meist vier Tage, dann sollte man die Inspiration dafür haben und über die Grundkenntnisse verfügen. Es gibt natürlich noch jede Menge anderer Formen der Meditation, die ähnliche Wirkungen haben.

Warum wir uns der Meditation in einem so breiten Rahmen widmen, ist die Erkenntnis nach über zweieinhalb Jahrzehnten und tausenden Experimenten und Versuchen, dass Menschen, die meditieren, anscheinend prädestinierter sind für einen Zugang zum globalen Bewusstsein. Besonders offensichtlich ist dies bei Gruppenmeditationen. Wenn man die kohärenten Elemente eines Systems zusammenbringt, dann ist der Effekt proportional größer. Anders gesagt: Wenn 1.000 Menschen gemeinsam meditieren, hat dies eine andere Kraft als 5.000 völlig verstreut und ohne Bezug zueinander. Um die Welt zu verändern, ist es demnach anscheinend nicht notwendig, dass jeder Mensch meditiert, um – statistisch messbare – Ereignisse zum Positiven zu verändern, weil die Kohärenz, der Zusammenhang, machtvoller ist.

Wenn Menschen sich in dieselbe Richtung bewegen, dasselbe wollen, sich für dasselbe einsetzen, dieselben positiven Gedanken haben, hin zum Guten, dann kann das Leben von uns Menschen harmonischer, schöner und friedlicher sein.

Die Kraft der Meditation

Probieren Sie es selbst aus, Sie werden sehen, welchen positiven Einfluss Meditation auf Ihr Leben haben wird. Eine kleine Anleitung:

- Meditieren Sie wenn möglich zweimal täglich für zwanzig Minuten.
- Am besten ist es vor dem Frühstück und vor dem Abendessen zu meditieren.
- Die Meditation wirkt einer Anhäufung von Stressfaktoren entgegen und versetzt Sie in einen Zustand der inneren Ruhe.
- Ihre Stoffwechselrate, der Grundumsatz, nimmt ab.
- Ihr Körper beginnt sich selbst zu »reinigen«.

HERZEN IM GLEICHKLANG

Das Feld, das unsere Herzen verbindet

**Unser Herz erzeugt ein elektromagnetisches Feld,
das mit anderen interagiert**

Rollin McCraty ist ein Wissenschaftler von jener Sorte, die auch eine TV-Show moderieren könnte: Seine Sätze sind überzeugend, seine Sprache wortgewandt, seine Analysen treffsicher. Seit 27 Jahren widmet er sich als Forschungsdirektor des *HeartMath Instituts* in Boulder Creek, Kalifornien, nur einem einzigen Thema: dem Herzen. Rollin ist Professor an der *Florida Atlantic University* und Projektkoordinator des *Global Coherence Monitoring Systems*. Wir sind seit vielen Jahren befreundet und tauschen regelmäßig die Ergebnisse unserer Forschungen aus.

Während wir mit dem *Global Consciousness Project* die Verbindung zwischen Menschen in großen Gruppen und über große Distanzen durch ein globales Bewusstsein messen, haben Rollin und sein Team in den letzten zweieinhalb Jahrzehnten bahnbrechende Studien rund um das Herz, seine Eigenschaften und seine Möglichkeiten veröffentlicht.

»Mit jedem Herzschlag entsteht ein elektromagnetisches Feld, das Menschen verbindet«, schildert McCraty die Ergebnisse seiner Arbeit. »Es ist Grundlagenphysik. Der Herzschlag kann mit dem Elektrokardiogramm gemessen werden, das elektromagnetische Feld mit Magnetometern. Viele sind überrascht, wenn sie sehen, wie man das elektromagnetische Feld, das ihr Herz erzeugt, einen Meter von ihrem Körper entfernt noch messen kann. Hirnströme kann man maximal zwei Zentimeter vom Kopf entfernt noch messen, das Herz ist demnach der Big Player, wenn es um magnetische Felder geht.«

Die Verschlüsselung liegt im Intervall zwischen den Herzschlägen

Wie das *HeartMath Institute* erforschte, lassen sich unterschiedliche spektrale Muster messen, die in direktem Zusammenhang mit dem Gefühlszustand, der emotionalen Verfassung eines Menschen stehen. Bin ich traurig, ängstlich, zufrieden oder glücklich, so spiegelt sich das auch in meinem Herzschlag wider. Dabei sind vor allem die Pausen zwischen den Herzschlägen von besonderer Bedeutung: »Es gibt einen direkten mathematischen Zusammenhang zwischen den Intervallen zwischen den Herzschlägen und der Herzfrequenzvariabilität, den Mustern und dem magnetischen Feld.«

Die Herzfrequenzvariabilität ist die Fähigkeit des Menschen, die Frequenz des Herzrhythmus zu verändern, also den Abstand zwischen zwei Herzschlägen. »Ganz einfach ausgedrückt ist es wie eine Pulsmodulation: Es geht um die Pausen dazwischen.«

Unser Herz sendet laufend Informationen aus. »Wenn sich Menschen gegenübersitzen, so sind ihre Herzen durch die elektromagnetischen Felder, die sie erzeugen, verbunden. Das ist wissenschaftlich messbar und kein New-Age-Nonsens.«

Und McCraty wird fast enthusiastisch: »Auf lokaler Ebene, wenn wir im selben Raum sind und dabei im elektromagnetischen Feld eines anderen, so wissen wir, dass eine ganze Menge Informationen dabei verschlüsselt sind. Wir können die verschiedenen Schichten sehen, wir haben darüber auch Studien veröffentlicht. Und wir haben gezeigt, dass unser Nervensystem die Fähigkeit besitzt, diese Magnetfelder anderer Menschen wahrzunehmen, was messbare biologische Effekte erzeugt.«

Die Frage, die sich unweigerlich stellt, ist: Was tauschen unsere Herzen an Informationen miteinander aus? Lassen sich damit auch Gefühle wie Liebe, Sympathie und Antipathie besser erklären? Oft reichen einige Sekunden mit einem Menschen aus, den man eben erst kennengelernt hat, um ihn zu mögen oder abzulehnen. Es gibt zahlreiche Theorien darüber, warum das so ist. Könnte nicht der Austausch zwischen zwei elektromagnetischen Feldern der Herzen die plausibelste Lösung sein? »Wir gehen davon aus, dass innerhalb dieses Feldes deutlich mehr Informationen übermittelt werden, die wir noch nicht kennen«, meint der Wissenschaftler und rückt sich dabei das Metallgestell seiner Brille zurecht.»Ich denke die meiste Technologie, die der Mensch entwickelt hat, ist nur ein Abbild dessen, was die Biologie längst hervorgebracht hat.«

So wählt Rollin McCraty besonders gern das Beispiel des Mobiltelefons, um den Informationsaustausch zwischen Herzen zu erklären:»Wie gelangt das Signal vom Handy zum Sendemast und von dort über Satelliten an einen anderen Punkt der Erde? Durch elektromagnetische Felder, die auch Wände durchdringen. Das Magnetfeld unseres Herzens stoppt auch nicht bei unserer Haut, es geht weit nach außen und über unseren Körper hinaus. Wir senden über das Handy Sprache, Videos, Bilder, Nachrichten. Warum sollte das menschliche Herz mit seinem elektromagnetischen Feld keine Informationen transportieren können? Unsere Forschung zeigt, dass es dabei auch emotionale Informationen transportieren kann.«

Die direkte Wechselbeziehung zwischen Emotionen und der Aktivität unseres Herzens wird gerade intensiv erforscht. »Dass die Muster im Herzrhythmus den Gefühlszustand widerspiegeln, konnten wir in Experimenten nachweisen«, so McCraty.»Ein College in Spanien hat ein technisches Gerät entwickelt, das mit einer Wahrscheinlichkeit von 75 Prozent den Gefühlszustand eines Menschen nur aufgrund der Analyse der Muster der Herzfrequenzvariabilität, also dem Rhythmus des Herzens, korrekt ermittelt. Das Muster von Angst sieht anders aus als das Muster von Frustration, auch positive Gemütszustände haben andere Muster. Ich verwende als Vergleich gerne den Morse-Code. Eines, was ich von meinem Mentor Karl H. Pribram *(Anmerkung: Ein in Wien geborener, amerikanischer Neurowissenschaftler der Stanford University, der mit Quantenphysiker David Bohm das holonome Gehirnmodell entwickelt hat.)* gelernt habe, ist, dass die Information, wie sich ein Neuron mit einem anderen austauscht, in der Pulsfolge liegt, also im Intervall dazwischen. Selbst wenn man die Amplitude, also den Ausschlag, wegnimmt, macht es keinen Unterschied. Die faszinierende Strategie, die biologische Systeme anwenden, um verschlüsselte Informationen zu übertragen, sind die Intervalle zwischen den Dingen. Das ist bei Hormonen so, bei Neuronen und auch bei der Herzfrequenzvariabilität: Das große Signal, das an alle Zellen geht und in den Raum ausstrahlt, der uns umgibt.«

Der Vergleich mit Morsezeichen scheint verständlich: »Wenn man geduldig genug ist, kann man ein ganzes Buch mit Morsezeichen schreiben. Es ist eine einfache Verschlüsselung, die im Intervall zwischen den Zeichen liegt. Das ist eine einfache Darstellung, die uns hilft zu verstehen, wie unser Herz Informationen erzeugt.«

Bei der Musik ist es nicht anders. Es erfordert die Stille zwischen einzelnen Tönen, die Pause zwischen den Noten, die ein Stück erst hörbar machen und seine Schönheit zeigen. Oder, wie Einstein es sagte, wir haben Raum und Zeit, um alles davon abzuhalten, gleichzeitig zu geschehen.

Auch über große Distanzen schlagen die Herzen
von Liebenden im selben Rhythmus

Doch welchen Einfluss hat die Herzfrequenzvariabilität auf das globale Bewusstsein? Ermöglicht sie den Austausch von Informationen nur dann, wenn Menschen einander physisch nahe sind, also sich zum Beispiel im selben Raum aufhalten? »Die lokalen Auswirkungen der Herzfrequenzvariabilität sind harte wissenschaftliche Fakten. Wir haben zahlreiche Studien dazu gemacht und sie publiziert, das ist wissenschaftlich belegbar und keine Theorie mehr. Aber auch über große Distanzen dürfte es eine Wirkung geben«, so Professor McCraty. »Ein Wissenschaftler in England hat Versuche mit der Herzfrequenzvariabilität über große Distanzen mit Personen gemacht, die emotional verbunden waren, zum Beispiel Ehepaare und Liebende. Er hat ihre Messdaten zeitsynchronisiert und konnte feststellen, wenn sie bewusst liebevoll an den jeweils anderen gedacht haben, dass sich ihr Herzrhythmus in einem unglaublichen Ausmaß synchronisierte. Es gibt also experimentelle Beweise, hier muss aber noch ausführlich geforscht werden.«
Professor Michael Persinger von der *Laurentian University* in Sudbury, Ontario, Kanada, hat dies bereits getan und festgestellt, dass sich biologische Systeme über große Distanzen synchronisieren können. »Wenn man mich fragt, ob Menschen auch über große Distanzen mit ihren Herzen kommunizieren können, würde ich definitiv ›Ja‹ sagen«, so Rollin McCraty.

Ist unser Herzmagnetfeld an das
Erdmagnetfeld gekoppelt?

Eine der wesentlichen Theorien des *HeartMath Institute* ist, dass das Herzmagnetfeld an das Magnetfeld der Erde gekoppelt ist. »Das wäre eine plausible Erklärung für eine Menge Dinge wie zum Beispiel Intuition«, so Rollin McCraty. »Das Erdmagnetfeld scheint die Verbindung zu sein, es koppelt Menschen und ihre Emotionen auch über große Distanzen. Es könnte auch sein, dass es eine tiefere Verbindung auf einem Quantenlevel gibt, aber das Magnetfeld kann man messen und hier kann man Tests machen.«

Das Erdmagnetfeld taucht immer wieder in verschiedenen Theorien, aber auch wissenschaftlichen Studien auf. Es umgibt, aber durchdringt auch unsere Erde und hat zahlreiche wichtige Funktionen. Verschiedene Tiere wie Bienen, Zugvögel, Haie oder Meeresschildkröten nutzen das Erdmagnetfeld zur räumlichen Orientierung. Es schirmt den Sonnenwind ab, was man beim Polarlicht schön sehen kann, und man kann die Himmelsrichtung anhand eines Kompasses bestimmen. Weil die Erde ein großer Magnet ist, richtet sich bei einem Magnetkompass die Nadel immer in Richtung des Erdmagnetfeldes aus, in Nord-Süd-Richtung.

Die mittlere Stärke des Erdmagnetfeldes ist relativ gering, meist um die fünfzig Mikrotesla. Aber es reicht aus, um uns vor den teilweise sehr energiereichen Teilchen der Sonnenstrahlung zu schützen. Treffen diese Teilchen auf die Magnetosphäre, werden sie entlang der magnetischen Feldlinien abgelenkt. Sie wandern entlang dieser Feldlinien zu den magnetischen Polen und treten erst dort in die Erdatmosphäre ein. Die dabei auftretende Leuchterscheinung nennt man Polarlicht.[4]

Wenn Magnetfelder Träger von Informationen sind, so liegt der Schluss nahe, dass dies beim Erdmagnetfeld ebenso wie bei unseren Herzen der Fall ist. Es dürfte aber nicht nur das Erdmagnetfeld allein sein, das einen Informationsaustausch ermöglicht. Denn es gibt Experimente, wo Informationen zwischen Menschen ausgetauscht wurden, die isoliert in einem Faradayschen Käfig waren, der elektromagnetische Felder abschirmt.

McCraty: »Ich denke, dass es noch eine tiefere, fundamentalere Verbindung gibt, aber das Magnetfeld scheint zumindest ein Teil dessen zu sein. Ein Faradayscher Käfig kann zum Beispiel keine niederfrequenten magnetischen Felder abschirmen.«

Bleibt die Frage, welche Rolle das Herz beim globalen Bewusstsein spielt. Können sich Herzen auch synchronisieren, wenn keine enge persönliche Verbindung vorhanden ist, wenn beispielsweise große Gruppen von Menschen dasselbe Mitgefühl empfinden, weil gerade ein Ereignis von globaler Dimension passiert? »Unsere Daten und Ergebnisse legen nahe, dass dies der Fall ist«, so McCraty. »Ich habe die Idee ja von dir, Roger«, sagt Rollin zu mir, »Experimente mit Bäumen zu machen.« Ich empfahl ihm, anstatt Zufallsgeneratoren zu nehmen, Versuche mit dem elektrischen Potenzial von Bäumen zu machen und zu messen, ob es eine Korrelation zwischen Bäumen und großen emotionalen Ausbrüchen gibt. »Ich liebe diesen Ansatz, denn ich spreche oft mit Leuten, die sagen: Ihr forscht immer nur mit Menschen, was ist mit Tieren, was ist mit Pflanzen und Bäumen?«, so Rollin McCraty.

Das Erdmagnetfeld verbindet
alle lebenden Systeme

»Wenn unsere Hypothese stimmt«, sagt der Wissenschaftler, »dann ist das Erdmagnetfeld der Träger, der alle lebenden Systeme verbindet. Alles, was ein magnetisches Feld erzeugt, würde damit verbunden sein, Tiere genauso wie Bäume. Ich hoffe, in ein paar Jahren werden wir dies auch experimentell und wissenschaftlich fundiert beweisen können.« Etliche Studien mit Tieren, speziell mit Hunden und Pferden, hat das *HeartMath Institute* dazu bereits gemacht. »Bei einigen zeigt sich, dass ihr Rhythmus wechselt und anspricht auf menschliche Emotionen.«

Was uns besonders faszinierte: In Studien konnte nachgewiesen werden, dass in Perioden mit hohen Störungen des Erdmagnetfeldes, zum Beispiel bei magnetischen Stürmen, Fernwahrnehmungs-Experimente nicht funktionieren. Professor McCraty: »Wenn Magnetfelder nicht Teil der großen Geschichte sind, warum sollte das dann der Fall sein?«

Auch andere Wissenschaftler machten ähnliche Erfahrungen. So haben sich Forscher vor circa zehn Jahren mit dessen Einfluss auseinandergesetzt und festgestellt, dass auch die Daten des *Global Consciousness Project* von starken magnetischen Stürmen beeinflusst werden können. Es gibt noch keine Studie dazu, aber vorsichtig würde ich sagen: Es dürfte tatsächlich der Fall sein. Ich selbst habe mir bisher schwergetan eine direkte Auswirkung elektromagnetischer Felder auf unsere Zufallszahlengeneratoren zu finden. Aus einem einfachen Grund: Durch unsere Versuchsanordnungen haben wir hart daran gearbeitet, eben das zu vermeiden.

Es könnte durchaus sein, dass es ein drittes Element dabei gibt, eine Art menschliches oder organisches Bewusstsein, das die Informationen von einem System zum anderen trägt.

Gefühle des Herzens wirken am stärksten

In einem bin ich voll und ganz mit Rollin McCraty einer Meinung: Ich denke wir stehen, was das Verständnis elektromagnetischer Felder betrifft, ganz am Anfang.

Spannend in diesem Zusammenhang ist, dass Zufallsgeneratoren stärker durch Gefühle zu beeinflussen sind als durch Gedanken oder Absichten. Die stärksten Ergebnisse haben wir bei unseren Daten mit starken, ausgeprägten

Emotionen erzielt, besonders solchen, die Gefühle des Herzens waren wie Mitgefühl.

Wie können die Gefühle eines Menschen die Ergebnisse von Maschinen beeinflussen? Wie kann Mitleid die unbestechlichen Zahlenreihen eines Zufallsgenerators verändern? Wieso ist so etwas messbar und wissenschaftlich belegbar? Gibt es ein emotionales Feld, das uns umgibt? Wir haben noch keine Antwort darauf, wir können nur Theorien entwickeln. Aber dass es existiert, tatsächlich möglich und messbar ist, daran besteht kein Zweifel.

Das aktive Informationsfeld

David Bohm war ein Pionier, der in seiner wissenschaftlichen Arbeit zwei faszinierende Forschungsfelder miteinander kombinierte: Philosophie und Quantenphysik. Der ausgewiesene Pazifist studierte zunächst ab 1939 bei Robert Oppenheimer, dem »Vater der Atombombe«, am *California Institute of Technology*, promovierte dann in Berkeley und begann seine Karriere als Assistenzprofessor an der *Princeton University*, wo er auch mit Albert Einstein zusammenarbeitete. Weil er sich später weigerte, in der McCarthy-Ära gegen Oppenheimer und andere Kollegen auszusagen, wurde er kurzfristig festgenommen und als Folge von der Universität entlassen. Bohm lehrte dann an der *Universidade de São Paulo* und schließlich 26 Jahre bis zu seiner Emeritierung am *Birkbeck College* der *University of London*.

David Bohm lieferte nicht nur bahnbrechende Erkenntnisse wie die Bohm-Diffusion in der Plasmaphysik, er beschäftigte sich auch mit den philosophischen Implikationen der Quantenmechanik. Er war ein enger Vertrauter des Dalai Lama, der einmal über den brillanten Forscher witzelte: »Er ist mein Physiklehrer, aber wenn die Stunde aus ist, vergesse ich alles wieder.«

Seit meiner ersten Begegnung mit David Bohms Werk spürte ich eine enge Verbundenheit mit seiner Idee einer impliziten Ordnung. Ausgehend von der Quantenphysik, wo sich in Experimenten Erscheinungen zeigen, die nicht erklärbar sind, überträgt Bohm diese Aspekte der Realität auf eine implizite Ebene. Sein Weltbild ist eines, das unsere Wirklichkeit nicht in zahlreiche Bausteine aufteilt, sondern als ein bruchloses Ganzes sieht. Alles zu zergliedern, so sein Schluss aus der Quantenphysik, würde den Blick auf die Wirklichkeit verstellen.

Was mich am meisten begeisterte, war Bohms revolutionäre Idee eines aktiven Informationsfelds. Seine Erkenntnisse sind ähnlich den Ergebnissen und Schlüssen, die wir auch mit dem *Global Consciousness Project* erzielt beziehungsweise gezogen haben.

Bereits als junger Mensch war Bohm überzeugt, dass es eine tiefe Verbindung in der Natur gibt, die weit über die primitive Vorstellung vom Zusammenspiel von Teilchen oder Feldern hinausgeht. Während seines ganzen Lebens arbeitete er daran, diese fundamentale Überzeugung auszudrücken. In Bohms eigenen Worten: »Wir stellen fest, dass die universelle Verbindung zwischen Dingen durch empirische Nachweise so offensichtlich war, dass niemand mehr daran zweifeln kann.«

Neben den gewöhnlichen Instrumenten moderner Physik gibt es einige effektive Entwicklungen und berechtigte Fragen, die die herkömmliche westliche Wissenschaft in mehrdimensionale Formen bringen.

Bohm entwickelte das Modell eines *Active Information Field*. Dieses aktive (oder übergeordnete) Informationsfeld ist das Herzstück seiner Theorie. Für Bohm ist das gesamte Universum in allem und jedem im Ganzen enthalten. Er vergleicht es mit einem Hologramm, in dem in jedem Einzelteil zugleich auch alle Aspekte des Ganzen eingefaltet sind. Diese implizite Ordnung enthält ein »Kontinuum ordnender Prinzipien«. Das Informationsfeld organisiert untergeordnete Ebenen und gliedert sie in einzelne Strukturen auf. Energie wird im Wortsinn »in-formiert«, also aktiv in eine bestimmte Form gebracht. Die implizite Ordnung enthält demnach potenzielle Ganzheiten, die in Abhängigkeit von den gesamten Bedingungen realisiert, entfaltet oder aktualisiert werden können.

Anders ausgedrückt: Alle Dinge, alle Lebewesen, alle Individuen, die wir in unserer physischen Welt sinnlich wahrnehmen, sind solche »Realisierungen«, »Manifestationen« oder »Entfaltungen«, die aus der primären Realität der impliziten Ordnung entstehen und schließlich auch dorthin zurückkehren. Es sind Projektionen. Und während sie in der physischen Welt in Erscheinung treten, wird ihre relativ stabile und scheinbar unabhängige Form von konstanten Entfaltungsprozessen aufrechterhalten, durch die die Erscheinungen am Ganzen teilhaben.

Demnach ist jeder Mensch, jedes Tier, jedes Individuum, jeder Gegenstand eine Manifestation »einer tieferen Energie, einer tieferen Ordnung, einer tieferen Wirklichkeit, die nicht manifest ist«.[5]

Wenn wir uns die Ergebnisse zahlreicher Studien zum Bewusstsein ansehen, so sind wir getrieben uns ein bildhaftes Gegenstück zu den Feldern vorzustellen, die physische Objekte verbinden, also elektromagnetische Felder. Aber wenn man Daten parapsychologischer Phänomene analysiert und mit diesem gedanklichen Rahmen verbindet, benötigt man eine Verbindung zur nicht physischen Welt der Ideen, Strukturen und Beziehungen. Wir benötigen ein genau definiertes Gegenstück zu elektromagnetischen Feldern, das Verbindungen in einem feinstofflichen Bereich ermöglicht, etwas, das die effektiven Wechselwirkungen eines Feldes mit den direkten, mentalen Verbindungen koppelt. Ein praktikabler Rahmen dafür ist in einer Erweiterung von David Bohms Bemühungen zu finden, die wahrnehmbare Welt mit der impliziten Ordnung zu verbinden.

Der verbleibende Schritt ist die Vorstellung, dass die aktive Information virtuell ist und dass es ein Feld gibt, das uns universell mit der Welt verbindet. Wir nennen es aktives Informationsfeld. Dieses Modell basiert auf dem theoretischen Ansatz, dass Bewusstsein die Quelle oder der Sitz eines nicht-lokalen, aktiven Informationsfeldes ist. Jeder von uns ist im Zentrum einer ausgedehnten, mentalen, bewussten Präsenz, die einige Charakteristika eines Feldes hat, auch wenn es nicht vergleichbar ist mit jenen Feldern, die wir von TV, Radio und dem Elektromagnetismus kennen. Wenn mehrere Bewusstseinsfelder interagieren, erzeugen sie ein neues, höheres Level: ein strukturiertes Informationsfeld.

Einfach ausgedrückt: Bewusstsein ist eine Quelle aktiver Information.

Es mag ein theoretisches Bild sein, aber es macht Sinn und ist vereinbar mit experimentellen Forschungsergebnissen und unserem objektiven Verständnis, wie Dinge in der materiellen Welt funktionieren. Was bedeutet es zu sagen, dass Bewusstsein eine Quelle von aktiver Information ist im Zusammenhang mit unserer Suche nach einer Erklärung für das globale Bewusstsein? Bei einer breiteren Sicht der Dinge sehen wir mit einem Mal Verbindungen und Zusammenhänge, die generell unsichtbar sind. Objekte der Aufmerksamkeit für das Bewusstsein können Attraktoren sein *(Anmerkung: der Endzustand eines dynamischen Systems bei Ablaufen eines evolutionären Prozesses)*, ähnlich der Kathode einer Batterie, die Elektronen in einer Kreisbahn anzieht. Eine Zufallsfolge bedeutet einen Bedarf an Information, und wie bei elektrischen Kreisläufen ist sie ein Attraktor. Das Bedürfnis kann durch eine Aktualisierung der aktiven Information, die aus dem Bewusstsein kommt, zufriedengestellt werden. Unsere Intention und vorausschauende Konzeption haben die Rolle von David Bohms *Pilot Wave* oder aktiver Information, die das Potenzial in die Wirklichkeit führen.

Die Natur von aktiven Quanten-Informationsfeldern macht das Konzept eines aktiven Informationsfeldes, das dem Bewusstsein entspringt, zu einer Stütze für die ansonsten unerklärlichen Verbindungen zwischen Geist und Materie. Dieses Feld ist nicht-lokal und hat dadurch eine universale Dimension und Erreichbarkeit. Es ist virtuell und nicht feststellbar, bis es aus der Notwendigkeit einer Struktur oder einer gestaltenden Einwirkung, die sein Wesen umfasst, real wird. Es ist daher beides: sowohl eine Manifestation und Sichtbarwerdung als auch die fruchtbare Quelle einer universalen Vernetzung.

DAS EWIGE BEWUSSTSEIN

Warum unser Bewusstsein
selbst den Tod überlebt

Das Sterben unseres Körpers scheint
nicht das finale Ende zu sein

»Wohin gehst du, wenn du stirbst?« Diese Schlagzeile sorgte Mitte Februar 2018 für Erstaunen in der Wissenschaftswelt. Vor allem der zweite Teil der Headline war es, der die Leser überraschte: »Es gibt zunehmende Indizien dafür, dass das menschliche Bewusstsein nach dem Tod erhalten bleibt.« Kein Boulevardblatt, sondern ausgerechnet Newsweek, eines der seriösesten und renommiertesten Nachrichtenmedien der Welt, widmete dem Thema Bewusstsein eine große Reportage.

Philosophisch ist der Tod jener Punkt, an dem wir nicht mehr zurück ins Leben kommen können. Wir verstehen, dass der Tod jener Zustand ist, der nach dem Stillstand unseres Herzens eintritt. Die Blutzirkulation endet, wir atmen nicht mehr, unser Gehirn stellt seine Funktion ein. Damit sei die Grenze erreicht, die Leben von Tod unterscheidet – bis vor fünfzig Jahren Herzmassage und Reanimation zum medizinischen Thema wurden. Ein Herz kann stillstehen, und trotzdem kann der Patient wieder ins Leben zurückgeholt werden.

Diese Fortschritte in der Medizin waren fundamental für Menschen, die mit dem Tod durch Unfälle oder Versagen ihrer Vitalfunktionen wie zum Beispiel durch einen Herzinfarkt konfrontiert waren. Die Koordination und das Zusammenspiel komplexer Funktionen all unserer Organe, Muskeln und des Nervensystems ist ein Wunder, dessen wir uns meist erst dann bewusst werden, wenn ein Trauma den ruhigen Lauf unseres Lebens unterbricht – und unser Bewusstsein. Was am bemerkenswertesten an den neuen und sich weiterentwickelnden Möglichkeiten der Medizin ist, das Leben von Menschen wiederherzustellen, wenn sie bereits klinisch tot sind, ist, dass sie mentale Phänomene beschreiben können. Das bedeutet, dass ihr Bewusstsein am Leben bleibt.

Moderne Reanimation wurde zum Game Changer in der Notfallmedizin, aber es veränderte ebenso unsere Definition des Todes. Wären nicht unzählige Menschen nach dem Tod zurück ins Leben geholt worden, müsste man von einer wissenschaftlichen Perspektive davon ausgehen, dass unser Bewusstsein zur selben Zeit stirbt wie unser Körper.

Dr. Sam Parnia, Direktor der Intensivstation und Abteilung für Reanimation am *New York University Langone Medical Center* sagt: »Es ist faszinierend, dass es ein Zeitfenster gibt, nachdem Sie oder ich tot sind, in dem die Zellen unseres Körpers schrittweise durch ihren eigenen Prozess des Todes gehen. Ich behaupte nicht, dass das Gehirn noch arbeitet oder sonst ein Teil Ihres Körpers, wenn Sie bereits tot sind. Aber die Zellen schalten nicht sofort von Leben auf Tod. Tatsächlich sind die Zellen trotz Stillstand des Herzschlages weitaus unverwüstlicher, als wir glaubten zu verstehen.«[7]

Betrachten wir die Hartnäckigkeit des Lebens, wie sie diese Studien zeigen, können wir leicht verstehen, dass Bewusstsein, der dehnbarste und ein uneingeschränkter Aspekt des Lebens, nicht einfach »in die Nacht verschwindet«. Von Jahr zu Jahr lernen wir mehr über die Widerstandskraft unseres Körpers – und manchmal kommen die Enthüllungen über das Leben noch viel schneller als erwartet. Wir verstehen auch immer mehr über das Verhältnis zwischen Körper und Geist, auch dass Bewusstsein in manchen Aspekten unabhängig von den physischen Strukturen des Gehirns ist, die viele für gleichbedeutend mit dem Geist halten.

Auch bei Genen konnte man ein Weiterleben nach dem Tod nachweisen. Wissenschaftler haben immer wieder bei Leichen festgestellt, dass Gene noch nach dem Eintritt des Todes aktiv sind, weiß der Mikrobiologe Professor Peter Noble von der *University of Washington*. In einer 2017 im Fachjournal *Open Biology (The Royal Society Publishing)* veröffentlichten Studie[8] untersuchten Noble und sechs weitere Wissenschaftler Mäuse und Zebrafische (auch Zebrabärblinge genannt) und fanden nicht nur eine Handvoll, sondern 1.063 (!) Gene, die nach dem Tod aktiv blieben, zum Teil bis zu vier Tage, nachdem das Tier verstorben war. Nicht nur, dass sich ihre Aktivität nicht auflöste oder abnahm, im Gegenteil: Sie waren hochaktiv. »Stellen Sie sich vor, 24 Stunden nach dem Tode eines Tieres entnimmt man eine Probe der Gene und deren Aktivität nimmt zu? Das war eine echte Überraschung«, so Professor Noble.

In einer ebenfalls Mitte Februar 2018 im renommierten Wissenschaftsjournal *Nature* veröffentlichten Studie kommen 21 spanische Wissenschaftler um Professor Roderic Guigó, dem Koordinator des Bioinformatik- und Genom-Programms am *Centre for Genomic Regulation* in Barcelona, beim Menschen zum selben Schluss. Die Forscher untersuchten jeweils 36 Blut- und Gewebeproben von 540 verstorbenen Spendern, die zum Teil bereits bis zu 29 Stunden tot waren, und stellten fest, dass trotz des Todes die Aktivität der Gene nicht automatisch endete. Die Genexpression im Muskelgewebe zum Beispiel endete unmittelbar nach Eintritt des Todes, doch im Darmgewebe nahm sie nach dem Tod sogar noch zu. »Die Antwort auf den Tod des Organismus ist gewebeabhängig«, so Guigó im Magazin *Science*.[11]

Die neueste Forschung zeigt Erstaunliches: Wir sterben schrittweise

Ziemlich viele Gene, die nach dem Tod weiterleben und Aktivität zeigen, sind Entwicklungsgene, was die gleichsam faszinierende, aber auch verstörende Möglichkeit aufzeigt, dass unmittelbar nach dem Tod unser Organismus beginnt in einen zellulären Zustand zurückzukehren, den wir als Embryo hatten. Noble entdeckte mit seinen Kollegen, dass bestimmte Zellen der Tiere auch nach dem Tod für Wochen lebensfähig blieben. »Die Forschung legt einen schrittweisen Stillstand nahe, bei dem Teile von uns stufenweise sterben, in unterschiedlichem Tempo, eher als auf einmal.«

Warum ausgerechnet einige Arten von Zellen resistenter gegenüber dem Tod sind als andere, kann momentan niemand sagen. Aber diese Entdeckung passt zusammen mit anderen, noch bedeutsameren Einblicken in die Beständigkeit von Formen des Bewusstseins, während der Körper aufhört zu funktionieren.

In einer Studie, die 2016 im *Canadian Journal of Biological and Microbiology Research* veröffentlicht wurde[9], schildern Ärzte das Abschalten lebenserhaltender Geräte bei vier unheilbar kranken Patienten im Endstadium. Bei einem dieser Patienten konnten auch zehn Minuten nach Eintritt des Todes noch starke Delta-Gehirnwellen – jene messbare elektrische Aktivität im Gehirn, die man normalerweise im Schlaf erlebt – gemessen werden, obwohl er keinen Puls, keinen Herzschlag und erweiterte Pupillen hatte. Die Autoren der Studie hatten keine wissenschaftliche Erklärung dafür.

Dr. Sam Parnia ist neben seiner Tätigkeit am *Langone Medical Center* Direktor des *Human Consciousness Project* an der *University of Southampton* und einer der führenden Forscher in diesem Bereich. Seine Arbeit dient in erster Linie der Rettung von Menschenleben, aber er ist ebenso interessiert an den Schilderungen seiner Patienten über ihre Todeserlebnisse. Durch seine duale Ausrichtung ermöglicht seine Forschung einen bemerkenswerten Blick auf den wohl wesentlichsten Aspekt menschlichen Lebens: unser persönliches Bewusstsein.

Dr. Parnias Forschung zeigt, dass Menschen, die den medizinischen Tod überleben, weil man sie reanimiert und ins Leben zurückholt, fast immer dieselben oder ähnliche Ereignisse schildern, die sie während dieses scheinbaren Todes erlebt haben: Helles Licht, gütige Figuren, die sie geleiten wollen, Freiheit von Schmerz und ein wunderschönes, tief erlebtes Gefühl von Frieden. Viele, die diesen Zustand erreicht hatten, wollten gar nicht mehr zurück ins Leben kehren. Solange diese Erlebnisse subjektiv sind und nicht wissenschaftlich untersucht werden können, ist es einfach, sie als Halluzinationen oder Einbildung abzutun.

Warum können klinisch tote Menschen beschreiben, was im OP-Saal oder an der Unfallstelle passiert ist?

Die Erklärung von Halluzination missglückt bei Patienten, die am Operationstisch sterben oder bei einem Autounfall, und die detailliert schildern können, wie sie die Szene von oben aus einer Perspektive mitverfolgt haben, von der aus sie alles überblicken konnten. Das Besondere ist, dass viele von ihnen die Situation und zum Teil auch die Dialoge der Ärzte und Rettungskräfte oder das Szenario am Unfallplatz in allen Einzelheiten beschreiben konnten. Für die beteiligten Personen wie Ärzte ist diese Fähigkeit meist völlig unerklärlich, aber konnte fast immer von ihnen bestätigt werden. Wie diese Personen hinterher objektive Ereignisse während eines Zeitpunkts beschreiben konnten, wo sie physisch tot waren, ist bis heute ein Rätsel, so wie wir nicht verstehen können, warum Gene oder Zellen, also Teile unseres Körpers, scheinbar dem Tod widerstehen und tagelang weiterleben können. »Es deutet darauf hin«, so der Schluss von Newsweek, »dass unser Bewusstsein, wenn unser Körper und Gehirn sterben, nicht sterben dürfte, oder zumindest nicht sofort.« Ein bemerkenswerter und beeindruckender Satz für eines der führenden Nachrichtenmedien der Welt.

»Ich meine damit nicht«, so Dr. Parnia, »dass die Menschen ihre Augen offen haben oder ihr Gehirn weiter funktioniert, nachdem sie gestorben sind, so ein Gedanke würde uns alle nur unnütz ängstigen. Ich sage: Wir haben ein Bewusstsein, das ausmacht, wer wir sind – unsere Identität, unsere Gedanken, Gefühle, Emotionen – und diese Einheit scheint nicht vernichtet zu werden, nur weil wir die Schwelle zum Tod überschreiten. Es scheint bestehen zu bleiben und sich nicht zu verflüchtigen. Wie lange es bestehen bleibt, das können wir nicht sagen.«[10]

Unser Bewusstsein besteht vor unserer
Geburt und nach unserem Tod

Stephan A. Schwartz lehrt am *William James Center for Consciousness Studies* der *Sofia University*, in Palo Alto, Kalifornien, forscht am *Cognitive Sciences Laboratory* der *Laboratories for Fundamental Research*, ist Bestsellerautor und widmete sich intensiv Nahtoderlebnissen und der Frage, was mit dem Bewusstsein nach dem Tod passiert. Existiert unser Bewusstsein nach dem Tode weiter? »Ja«, sagt Schwartz ohne Zögern. »Ich denke, die Beweise dafür sind sehr überzeugend, dass es ein – wie ich es nennen würde – Fortbestehen des Bewusstseins auch über den Tod hinaus gibt. Das Bewusstsein war schon vor unserer Geburt vorhanden und besteht auch über den körperlichen Tod hinaus weiter.«

In einer Studie, veröffentlicht im Journal *Explore*, über nicht-lokale Nahtoderfahrungen und die Rolle des Bewusstseins analysierte Schwartz die Situation in den USA, wo bei 4,2 Prozent der Bevölkerung Nahtoderlebnisse dokumentiert worden sind. Bei (zum Zeitpunkt der Studie) 311 Millionen Amerikanern wären das fast 13 Millionen Menschen. Eine gigantische Zahl.

»Die Daten und Ergebnisse der Studien zeigen uns eindeutig, dass es einen Aspekt des Bewusstseins geben muss, der nicht von der Physiologie abhängig ist«, meint Schwartz. »Es gibt prospektive Studien, bei denen reanimierte Patienten, die klinisch tot sind, ausgiebig überwacht und deren Daten aufgezeichnet werden, wo es keine Gehirnaktivität mehr gibt und somit keine Gedanken und kein Bewusstsein. Und trotzdem berichtet fast jeder Fünfte solcher Patienten über objektiv nachprüfbare Erlebnisse, die sie während dieser Phase erlebten, die sie nicht wissen können, weil sie zu dem Zeitpunkt klinisch tot waren.«

Pim van Lommel hat fast sein gesamtes Berufsleben der Klärung dieses Phänomens gewidmet. Der graumelierte niederländische Wissenschaftler, der zweieinhalb Jahrzehnte als Kardiologe am Rijnstate Krankenhaus in Arnheim immer wieder Menschen ins Leben zurückholte, begann 1986 Patienten über ihre Nahtoderfahrungen zu befragen und diese zu dokumentieren. Innerhalb von zwei Jahren berichteten van Lommel von fünfzig Patienten zwölf von ähnlichen Erfahrungen. Seit 2003 widmet er sich primär der Analyse von Nahtoderfahrungen und der Bewusstseinsforschung.

Seine wichtigste Erkenntnis: Selbst wenn das Gehirn nicht mehr funktioniert, können Menschen ein klares Bewusstsein haben. »Nach heutigem Stand der Wissenschaft ist es nicht möglich, dass Menschen während eines Herzstillstands, in dem alle Gehirnfunktionen ausfallen, Bewusstsein erleben«, schildert van Lommel das Unerklärliche. »Es ist aber so.«

Daher startete der Wissenschaftler damals eine prospektive Studie in niederländischen Krankenhäusern mit 44 Menschen, die alle einen Herzstillstand erlitten und klinisch tot waren. »18 Prozent von ihnen erfuhren während des Herzstillstands einen Zustand erweiterten Bewusstseins, während 82 Prozent gar nichts erlebten. Die Dauer des Herzstillstands war dabei nicht relevant, die Dauer des Sauerstoffmangels im Gehirn spielte keine Rolle. Religion, Geschlecht, Bildung, ein Vorwissen – das alles hatte keinen Einfluss«, erzählt van Lommel in einem Interview mit Thanatos TV. »Die zwei Gruppen waren völlig gleich. Wir konnten daraus schließen, dass keine physiologische Erklärung wie Sauerstoffmangel, keine psychologische wie Todesangst und keine pharmakologische Erklärung wie Medikamenten-Nebenwirkungen für diese Erlebnisse in Frage kamen.«

Alle diese Patienten schilderten übereinstimmend ähnliche Erlebnisse ihrer Nahtoderfahrung: Sie spürten den Schmerz des Körpers nicht mehr, sie fragten sich: »Bin ich jetzt tot?« Dann konnte ein Zustand auftreten, wo sie sich außerhalb ihres Körpers befanden. Sie konnten dabei ihre eigene Wiederbelebung oder einen Verkehrsunfall von oben aus betrachten. Van Lommel: »Das ist ein wesentlicher Aspekt, weil man kann das, was im Zustand einer außerkörperlichen Erfahrung wahrgenommen wird, im Nachhinein verifizieren, sogar die Zeitpunkte, zu denen diese Wahrnehmungen stattfanden.« Viele Patienten erleben danach einen dunklen Ort, meist einen Tunnel, mit hellem Licht. Oft traten sie in eine jenseitige Dimension ein mit schönen Farben, Landschaften und herrlicher Musik, wo ihnen verschiedene Verwandte begegneten, sogar solche, von denen sie gar nicht wussten, dass sie tot waren.

»Dann kann ihnen ein Lichtwesen begegnen, meistens haben sie dabei ein Empfinden bedingungsloser Liebe und ungekannter Weisheit«, so van Lommel im Thanatos-Interview. »Man bekommt Antworten auf alle Fragen, bevor man sie gestellt hat. Darauf kann eine Lebensrückschau folgen, in der man sein ganzes Leben nochmals vor sich sieht. Es kann sein, dass sie an eine Grenze kommen, wissend, dass sie nicht mehr zurückkönnen, wenn sie diese überschreiten. Von dort werden sie meistens zurückgeschickt, es sei noch nicht an der Zeit. Dann haben sie das schreckliche Erlebnis, dass ihr Bewusstsein in den kranken Körper mit all seinen Schmerzen und Einschränkungen zurückkehrt. Das sind die zentralen Elemente einer Nahtoderfahrung, die bei fast allen gleich sind, aber nicht alle erleben sie vollständig.«

Sterbeforscher van Lommel:
»Bewusstsein ist im Gehirn nicht zu finden.«

Van Lommel führte schließlich eine Langzeitstudie mit allen überlebenden Patienten eines Herzstillstandes durch, die entweder eine Nahtoderfahrung hatten oder nichts erlebten. Er wollte herausfinden, ob eine klassische Transformation wie der Verlust der Angst vor dem Tod, die Erkenntnis, was für das Leben wichtig ist, besonders Akzeptanz, Liebe und Empathie, auch zur Natur, weil man eine völlige Verbundenheit mit ihr erlebt, tatsächlich passiert. Das faszinierende Ergebnis: Sie findet wirklich statt. Diese Leute fühlen auch eine Verbindung zu anderen Menschen. Meist ist ihre Nahtoderfahrung positiv.

Pim van Lommels bahnbrechende niederländische Studie wurde im renommierten Wissenschaftsjournal *The Lancet* veröffentlicht.

Seitdem hat er hunderte weitere Fälle untersucht und kann daher aus tiefster Überzeugung behaupten: »Als Medizinstudenten haben wir gelernt, dass Bewusstsein ein Produkt von Gehirnfunktionen ist. Das ist eine Hypothese, die nie bewiesen wurde. Wir müssen das neu diskutieren. Aus Studien wissen wir, dass wir das Bewusstsein bei einem Herzstillstand innerhalb von Sekunden verlieren. Es gibt dann keine Körperreflexe mehr, die eine Funktion des Cortex sind, Hirnstammreflexe treten nicht mehr auf, kein Würgereflex, kein Lidschlussreflex, die Pupillen sind erweitert und die Atmung hat aufgehört. Das sind die klinischen Beobachtungen.«

Wenn man die Gehirnaktivität misst, also ein EEG erstellt, beobachtet man innerhalb von 15 Sekunden eine Nulllinie. Van Lommel: »Wir wissen, dass es bei allen Herzstillstandpatienten meist 20 Sekunden, oft aber 60 bis 120 Sekunden dauert, bis sie wiederbelebt werden, manchmal sogar länger. Zugleich ist offensichtlich, dass manche dieser Patienten während des Nahtoderlebnisses ein erweitertes Bewusstsein, Wahrnehmung, Emotionen, klare Gedanken und ihr Gedächtnis in einem Zeitraum zur Verfügung haben, in dem ihr Gehirn messbar und nachweislich nicht arbeitet. Daher bin ich überzeugt, dass Bewusstsein im Gehirn nicht zu finden ist. Das Gehirn hat eine vermittelnde, aber keine erzeugende Funktion, was das Erleben von Bewusstsein anbelangt. Es ist also ein Sender und Empfänger für das Bewusstsein. Die Information von Ihrem Körper, Ihren Sinnen, wird zu Ihrem Bewusstsein gesendet und Sie empfangen umgekehrt Information von Ihrem Bewusstsein für Ihren Körper über das Gehirn. Aber Bewusstsein ist nicht im Gehirn lokalisiert, sondern es ist überall – was ich nicht-lokales Bewusstsein nenne, weil es unter diesem Aspekt des erweiterten Bewusstseins keine Zeit und keinen Raum gibt.«

Pim van Lommels wissenschaftliche Erkenntnisse nach jahrzehntelanger Forschung im Nahtodbereich sind beeindruckend und weitere Indizien dafür, dass unser Bewusstsein nicht durch unseren physischen Körper begrenzt ist. Diese Studien zeigen, dass unser Geist in einem wesentlichen Sinn unbegrenzt ist.

Bewusstsein existiert in einer größeren Welt ohne zeitliche oder räumliche Grenzen. Es berührt sowohl die Vergangenheit als auch die Zukunft, und kann sich mit dem gleichsam unbegrenzten Bewusstsein anderer Menschen wieder verbinden und austauschen. Wir können sehen, wie und warum ein globales Bewusstsein existiert – und wir sehen ebenso, dass unser Tod nicht das Ende zu sein scheint.

DER SITZ UNSERER SEELE

Ist unser Gehirn nur die Hardware –
und liegt unser Bewusstsein in einer Cloud?

Warum Bewusstsein nicht im Gehirn entsteht

Viele Wissenschaftler wie Pim van Lommel sind davon überzeugt, dass unser Bewusstsein seinen Ursprung nicht im Gehirn hat – und damit auch nicht seinen Sitz. Aber wenn nicht im Gehirn: Wo sitzt unsere Seele, wo unser Bewusstsein dann?

»Nicht im Herzen«, wusste Professor Christiaan Barnard bereits lange, bevor er die erste Herztransplantation der Welt durchführte – obwohl das viele Gelehrte über Jahrtausende annahmen. »Und nicht im Kopf«, behaupten neben der katholischen Kirche mittlerweile auch viele Chirurgen und Mediziner.

Wenn es aber kein Organ gibt, das Bewusstsein erzeugt, ist es dann nicht wahrscheinlich, dass es auch losgelöst von unserem Körper existieren kann? Hat unser Bewusstsein eine unabhängige Präsenz in dieser Welt? Und welche Funktion hat dann überhaupt unser Gehirn? Eine reine Hardware, um Prozesse auszuführen, während unser Bewusstsein in einer Art Cloud liegt?

Der deutsche Physiker Max Planck, Nobelpreisträger und Begründer der Quantenphysik, war überzeugt:»Wir sehen uns durch das ganze Leben hindurch einer höheren Macht unterworfen, deren Wesen wir vom Standpunkt der exakten Wissenschaft aus niemals werden ergründen können, die sich aber auch von niemandem, der einigermaßen nachdenkt, ignorieren lässt.« Und er postulierte ganz klar:»Da es im ganzen Weltall weder eine intelligente Kraft noch eine ewige Kraft gibt ..., so müssen wir hinter dieser Kraft einen intelligenten Geist annehmen. Dieser Geist ist der Urgrund aller Materie. Nicht die sichtbare, aber vergängliche Materie ist das Reale, Wahre, Wirkliche – denn die Materie bestünde ohne den Geist gar nicht –, sondern der unsichtbare unsterbliche Geist ist das Wahre!«[13]

Ist die Welt nur Schein und alles spielt sich im Bewusstsein ab?

Der Physiker Erwin Schrödinger, ebenfalls Nobelpreisträger und ein Ausnahmeforscher, der stets über den Tellerrand der Physik hinausschaute, war in seinem letzten Werk *Meine Weltansicht* noch radikaler: Er behauptete, Bewusstsein sei fundamental. Schrödinger war der Meinung, dass sich alles nur in unserem Bewusstsein abspielt und dass die Welt da draußen nur Schein sei, sie existiere in Wirklichkeit gar nicht, es sei daher auch falsch zu behaupten, die Welt spiegle sich im Bewusstsein wider:»Nichts spiegelt sich! Die Welt ist nur einmal gegeben. Urbild und Spiegelbild sind eins.

Die in Raum und Zeit ausgedehnte Welt existiert nur in unserer Vorstellung.«[14]

Zum Bewusstsein hatte Schrödinger eine klare Vorstellung:»Und so unbegreiflich es der gemeinen Vernunft scheint: Du – und ebenso jedes andere bewusste Wesen für sich genommen – bist alles in allem. Darum ist dieses dein Leben, das du lebst auch nicht ein Stück nur des Weltgeschehens, sondern in einem bestimmten Sinn das Ganze. Nur ist dieses Ganze nicht so beschaffen, dass es sich mit einem Blick überschauen lässt ... oder auch mit anderen Worten: Ich bin im Osten und im Westen, bin unten und bin oben, ich bin diese ganze Welt.«

Der amerikanische theoretische Physiker und Philosoph Henry Stapp entwickelte eine Theorie des Bewusstseins, in der Gedankenprozesse eine quantenmechanische Grundlage haben. Stapp ist überzeugt, dass klassische Physik das Gehirn nicht beschreiben kann, und dass ein Quantensystem für eine umfassende Erklärung notwendig sei. Der Mensch bestünde nicht nur aus Materie, so Stapp. Das Gehirn unterliege einem Quantensystem, das mit Programmen arbeitet, die reine Wellenfunktionen sind. Der Quantenmechanismus öffnet durch Kohärenzen dem »nicht-lokalen Bewusstsein« Wirkkräfte, wodurch ein Transferpotenzial ausgelöst wird, das sich in der formlosen »Potentia« im transzendentalen Bereich des Bewusstseins befindet: »Zusammenfassend geht es mir darum«, so Stapp, »dass wir die Funktionen des Gehirns als Bewusstsein neu betrachten müssen und zwar als Messapparat einerseits und auch als Quantensystem anderseits.« Es sei ein Fehler, die geistige Funktionsweise des Menschen durch die Erforschung einer Gehirnaktivität zu erklären. Man solle sich vielmehr »darauf besinnen, dass Bewusstsein als geistiges Empfangen zwar einer nervlichen Übersetzung bedarf, aber nicht darin wurzelt«.

Das bewusste Universum

Der indisch-amerikanische Physiker Amit Goswami wiederum beschreibt in seinem Buch *Das bewusste Universum,* wie er die mystische Wahrheit erkannt habe, dass »alles Bewusstsein« sei und wie die Kluft zwischen Wissenschaft und Spiritualität überbrückt und die Paradoxa der Quantenphysik aufgelöst werden können. Er erklärt auch, wie es dazu komme, dass ein einziges, alles in sich einschließendes Bewusstsein als viele getrennte »Bewusstseine« erscheinen könne.

Die objektive Welt, die wie ein Uhrzeiger voranschreitet, sei eine Illusion unseres Denkens. Das Universum sei ein bewusstes Universum, und die Welt werde vom Bewusstsein erzeugt. Das Bewusstsein sei etwas Transzendentales – außerhalb von Raum und Zeit, auf keinen Ort beschränkt, sondern alles durchdringend. Es sei die einzige Realität. Dennoch bekämen wir von ihr nur durch unsere materiellen Beobachtungsprozesse etwas zu sehen, aber allenfalls flüchtig.[15]

Die modernen Paradoxien der Wissenschaft lassen sich lösen, wenn man annimmt, dass das Universum nicht aus Materie, sondern aus Bewusstsein besteht. Goswami will zeigen, dass die Verbindung zwischen den Erkenntnissen der modernen Wissenschaft, etwa der Quantenphysik, und den uralten spirituellen Traditionen des Ostens auf ein neues, revolutionäres Weltbild hinausläuft. Das Universum hat Sinn, Zweck und Richtung.

Die neuesten wissenschaftlichen Erkenntnisse über das Weiterleben von Zellen und Genen nach dem Tod, die zahlreichen eindeutigen Studien zu Nahtoderlebnissen, aber auch die Theorien großer Physiker wie Planck, Schrödinger oder Stapp sind Beweise und weitere Mosaiksteine dafür, dass unser Bewusstsein nicht untrennbar mit unserem Körper verbunden ist, dass wir alle eine übergeordnete Verbindung zueinander haben und dass der Tod wohl nicht das finale Ende sein dürfte.

Unser Bewusstsein verfügt über eine enorme Kraft. Es kann sprichwörtlich Berge versetzen. Oder Menschen heilen.

DIE HEILENDE KRAFT DES BEWUSSTSEINS

Die Macht von Gebet und Meditation

Wie Kranke wieder gesund werden – über den richtigen Umgang mit Intention und Hoffnung

Das *Santuario della Madonna delle Lacrime* ist ein besonderes Gotteshaus. Die Wallfahrtskirche in Syrakus an der Ostküste Siziliens, Heiligtum der heiligen Jungfrau der Tränen, ist ein Ort, an den Menschen in einer verzweifelten Situation ihres Lebens pilgern und durch die Kraft ihres Gebets Hilfe erflehen. Sie sprechen Fürbitten, beten den Rosenkranz und sitzen manchmal stundenlang in den modernen Bankreihen aus hellem Holz. Die Kirche hat wenig vom sakralen Charakter gotischer oder mittelalterlicher Gotteshäuser. Sie hat eine moderne Form aus weißem Spannbeton, die architektonisch darstellt, was passiert, wenn Sie ein weißes, ausgebreitetes Tuch in der Mitte nach oben ziehen. Die spitze Form ist 74 Meter hoch, die Kirche fasst 11.000 Besucher, das Innere wirkt reduziert und karg.

Die Wallfahrtskirche wurde errichtet, weil am 29. August 1953 ein Gipsbild der Madonna im Haus des Bauern Angelo Iannuso und seiner Frau Antonina in Syrakus begann Tränen zu vergießen. Das Phänomen fand drei Tage lang in kürzeren und längeren Abständen statt. Schnell verbreitete sich die Nachricht vom Wunder und Menschen aus ganz Sizilien pilgerten zum bescheidenen Heim des tiefreligiösen Bauern, um mit eigenen Augen zu sehen, wie die Madonna weinte. Ein Filmemacher dokumentierte das Phänomen mit seiner Kamera.

Die Römische Kurie entsandte Wissenschaftler und Ärzte nach Syrakus, um das Marienbild zu untersuchen, und veranlasste, dass von den Tränen des Gipsbildes eine Probe genommen wird. Das neunköpfige Expertenteam trocknete dazu das Gipsbild ab und wartete, ob sich das Phänomen wiederholte. Und tatsächlich begann die Madonna wieder zu »weinen«, so dass die Wissenschaftler mehr als einen Kubikzentimeter Flüssigkeit aus den Augen des Bildes entnehmen konnten. Die anschließende Laboranalyse ergab, dass die Flüssigkeit die Zusammensetzung menschlicher Tränen hatte. Das Expertenteam schloss eine Manipulation definitiv aus. Am vierten Tag stoppte der Tränenfluss, die Madonna hatte für immer aufgehört zu weinen.

Der Bischof von Palermo erklärte die Tränen für echt und beschloss den Bau einer Wallfahrtskirche. Erst 1994 eröffnete Papst Johannes Paul II. feierlich das Gotteshaus. In seiner Predigt sagte er, die Tränen »bezeugen die Gegenwart der Mutter Gottes in dieser Kirche und in der Welt«. Hierher, in diese Kirche, können alle kommen, die den »Reichtum der Gnade Gottes und seine Vergebung« erfahren wollen. Die Tränen »öffnen die Herzen für die Begegnung mit Christus, dem Erlöser, der Quelle des Lichts und des Friedens«.

Die Zeichen der alltäglichen
Wunder in den Vitrinen

Die Kirche Madonna delle Lacrime ist zweifelsohne ein besonderer Kraftplatz. Jeder, der sie einmal betreten hat, spürt die unglaublich positive Kraft, die von diesem modernen Gotteshaus ausgeht. Eine Kraft, die sicherlich von den mittlerweile Millionen Menschen stammt, die bisher zu diesem Ort gepilgert sind, um zu beten, um Vergebung zu bitten, um Hilfe für ihre Leiden oder Probleme zu finden. Sie wurden im Bewusstsein mit vielen, vielen anderen Menschen, die zur selben Zeit, früher oder später hier waren, durch ihre Gebete vereint.

Das Besondere an der Kirche, was sie auch für uns so faszinierend macht, ist allerdings das, was schon in den späten 1990er-Jahren in den großen, beleuchteten Vitrinen beim Eingang zu betrachten war – nämlich die realen Folgen des intensiven Gebets: leere Rollstühle, zahlreiche Krücken, Behelfe, sorgsam drapiert und ausgestellt, so dass sie jeder Gläubige sehen kann. Nicht ein paar, sondern Dutzende solcher Ausstellungsstücke. Sie sind, anscheinend, Dokumente realer Wunder, die sich durch das Gebet in dieser Kirche abgespielt haben sollen.

Auf Nachfrage erklärt das Personal der Kirche, dies seien alles von Gläubigen überbrachte Behelfe, die sie nicht mehr benötigen würden, weil sie das Gebet in der Kirche von ihren Krankheiten geheilt hätte, sie wieder gehen könnten, keine Schmerzen mehr hätten und sie dies alles der heiligen

Gottesmutter der Tränen verdanken würden, deren Hilfe sie erfleht hätten.

Man kann zum Glauben und zur Kirche stehen wie man mag, aber in diesem katholischen Heiligtum in Syrakus wurden Belege gesammelt, dass das Gebet der Gläubigen für Menschen in verzweifelten Situationen eine reale Wirkung zeigt, die ihr Leben zum Positiven verändern und sogar Krankheiten heilen kann.

Spontanheilungen passieren tatsächlich – und sind medizinisch nicht erklärbar

Spontanheilungen gibt es. Sie sind wissenschaftlich nachweisbar, aber meist medizinisch nicht erklärbar. Was geht in einem Menschen vor, der todkrank ist und plötzlich geheilt wird? Und warum können Gebete, Mantras und positive Gedanken unser Leben und das anderer zum Besseren verändern? Die positive Einstellung spielt dabei eine maßgebliche Rolle, sagen Mediziner, Wissenschaftler und Onkologen. Wohl noch mehr das Bewusstsein.

Ich denke unsere Vorstellung, wie wir in dieser Welt und diesem Universum existieren, ist eine begrenzte. Wir müssen beginnen diese Vorstellung zu erweitern. Wir existieren in einem größeren, vollkommeneren Sinn, als wir heute noch annehmen. Unsere Intention, also die Absicht, die Ausrichtung auf ein Ziel, ob durch Gebet, Meditation oder die Kraft unserer Gedanken, ist nicht abstrakt, sondern ein reales Element der realen Welt. Unsere Intention erzeugt eine Art Information in einem größeren Informationsfeld, das unsere Welt umfasst.

Kann ich also durch meine Absicht, durch positive, aber auch negative Gedanken, andere beeinflussen? Kann ich den Lauf der Dinge beeinflussen?

Meine klare Antwort darauf ist ja. Es gibt eine Art Bewusstseinsfeld, ein Informationsfeld, das mir ermöglicht beabsichtigte Ergebnisse zu erzielen, sowohl in einer positiven als auch negativen Art und Weise. Es gibt so viele Kulturen, darunter auch unsere eigene, die sich zeitweise auf negative Gedanken konzentrieren. Wir mögen gelegentlich nicht, was wir sehen, manchmal mögen wir auch andere Personen nicht, und das kann so weit gehen, dass wir negative Absichten damit verbinden. Wir wünschen anderen nicht immer Gutes. Kann das tatsächlich einen Einfluss auf Ereignisse haben?

Obwohl ich keine Experimente mit negativen Intentionen gemacht habe, gibt es eine große Anzahl von anekdotischen Beweisen und anthropologischen Daten, die darauf hinweisen, dass es in manchen Kulturen üblich ist.

Der Arzt und Autor Dr. Larry Dossey hat in seinem Buch *Be Careful What You Pray For, You Might Just Get It* solche Fälle dokumentiert. Dieses Buch beschäftigt sich auch mit negativen Gebeten, mit Voodoo, Zaubersprüchen und ihrer Wirkung. Dr. Dossey präsentiert Beispiele aus zahlreichen Kulturen, darunter auch solche, die bekannt sind. In Haiti gibt es eine lange Tradition des Voodoo, der tatsächlich Wirkung zu zeigen scheint. Es ist nicht offensichtlich, ob der »Zauber« direkt wirkt oder nur durch die subjektive Überzeugung des Opfers, das sich deshalb krank fühlt und dieses Gefühl möglicherweise verstärkt, weil es überzeugt ist, von einem Voodoo-Fluch heimgesucht zu werden.

Ähnliche Traditionen existieren in verschiedensten Kulturen rund um den Erdball, auch in den USA. *Louisiana Voodoo* oder *New Orleans Voodoo* nennt sich ein vom afrikanischen Voodoo inspirierter Brauch. *Brazilian Vodum* ist einer der großen Zweige des *Candomblé West African Vodun*, praktiziert von Gbe-sprechenden ethnischen Gruppen in Afrika.

Ich sollte erwähnen, dass diese Varianten des Voodoo nicht alle ausschließlich auf negative Absichten abzielen. Fakt ist: Das sind nur Nebenschauplätze alter und durchwegs fast ausschließlich positiver religiöser Bräuche. Aber wie wir auch aus Medien und den sozialen Netzwerken wissen: Bad news sells.

Die gute Nachricht ist: Jeder von uns hat die Fähigkeiten und die Kraft, die Welt um uns in einer positiven Weise zu beeinflussen. Wir nehmen diese Fähigkeiten nur kaum bis gar nicht wahr. Wir müssen noch viel lernen, wer wir sind und was wir können und was wir alles erreichen können, wenn wir unsere mentalen Fähigkeiten und die unseres Bewusstseins richtig einsetzen.

Zu welchen kollektiven Emotionen Menschen fähig sind, wie sich diese aufschaukeln, zeigen uns soziale Medien wie Facebook tagtäglich. So mancher Shitstorm hat sich aus dem Nichts entwickelt, aus Kleinigkeiten, und hat massive Folgen für den Betroffenen mit sich gebracht.

Ich denke, wir müssen die positiven Fähigkeiten nutzen, die wir haben und die uns gegeben sind. Ich sehe es daher auch als meine Aufgabe und die des *Global Consciousness Project* an, Menschen zu zeigen, wie sie die positive Kraft ihrer Absicht und Gedanken nutzen können.

Gebete haben eine ungeheure Kraft

Obwohl wir uns in unserer wissenschaftlichen Arbeit am PEAR in erster Linie auf Maschinen konzentrierten, die ich dann nutzte, um das globale Bewusstsein zu erforschen, habe ich immer wieder mit anderen Instituten und Wissenschaftlern zusammengearbeitet, die an der direkten Messung der Effekte von bewusster Heilung, *Intentional Healing*, interessiert waren.

Dr. Wayne Jonas, früherer Direktor der *Complementary and Alternative Medicine*-Abteilung des *National Institutes of Health* in Bethesda, Maryland, entwickelte ein Experiment mit dem international bekannten Heiler Mietek Wirkus und fragte mich, ob ich ihn beim Design und der Analyse unterstützen könnte. Die Ergebnisse zeigten, dass ein Zufallsgenerator, der dabei eingesetzt wurde, große Abweichungen von normaler Zufälligkeit aufwies, während die heilende Absicht präsent war. Mietek hat seine Intention nicht auf unseren Zufallsgenerator gerichtet, sondern auf die zu heilende Person. Trotzdem war der Zufallsgenerator ganz massiv davon betroffen.

Wir machten am PEAR in Princeton und mit dem *Global Consiousness Project* nur wenige Experimente, die die Auswirkungen von Fernheilung analysierten, also die Heilung eines Menschen trotz räumlicher Distanz. Dennoch war unsere Forschung relevant. Es ist leicht verständlich, aber trotzdem für viele überraschend, dass der Effekt auf einen Zufallsgenerator, der vielleicht hundert oder tausend Kilometer entfernt ist, darauf schließen lässt, dass unsere Intention einen Effekt auf einen auch weit entfernten Freund oder Verwandten haben kann, der verletzt oder krank ist und unsere Hilfe benötigt. Im Fall von Heilung können wir davon ausgehen, dass sein Körper belastet und durcheinandergebracht ist. Der physische Körper, der normalerweise im Gleichgewicht ist, in einer Ordnung, ist nun im Zustand einer teilweisen Unordnung. Er benötigt Information, und selbst wenn ich die physiologischen Details nicht kenne, existiert in meiner Intention und in meinen Gebeten eine Art von struktureller Information.

So wie es mit dem Zufallsgenerator passiert, wo eine Ordnung eintritt, die eigentlich nicht sein dürfte, kann die Information meines Bewusstseins von meinem Freund in seinem im Ungleichgewicht, in einem ungeordneten System befindlichen Körper verwendet werden, um es zu restrukturieren, damit wieder Ordnung entsteht.

Mein Freund Larry Dossey hat dazu mehrere faszinierende Bücher verfasst, darunter *Healing Words – The Po-*

wer of Prayer and the Practice of Medicine und *Prayer is Good Medicine.*

Beten in positiver Art und Weise kann positive Resultate erzeugen. Unsere Absicht in der Welt ist real, sie existiert und erzeugt eine Wirkung in der Welt. Das Beispiel dafür, das uns wahrscheinlich am meisten berührt, ist Heilung. Viele von uns in der westlichen Welt haben schon in dramatischen Situationen, wo ein Mensch um sein Leben kämpft, von Angehörigen gehört: »Bitte betet für ihn!«

Manchmal beten wir auch generell als Ritual und für das Eintreten von Ereignissen: Dass Menschen gesund bleiben oder werden, keine Unfälle geschehen, dass man lange lebt, glücklich ist, keine Ängste hat, ein guter Mensch ist, bleibt oder wird, dass es unseren Liebsten gut geht und unseren Verstorbenen auch. Wir beten in unseren dunkelsten Stunden, wenn ein lieber Mensch schwer krank ist, wenn wir persönliche Probleme haben, aus denen wir keinen Ausweg finden, wenn wir verzweifelt sind und Hilfe benötigen.

Seit Jahrtausenden beten Menschen – das hat seinen Grund

Wir beten nicht in ein Vakuum, wir beten aus einem tiefen Grund. Über tausende Jahre der menschlichen Entwicklung hindurch sind wir zu dem Glauben und der Erkenntnis gelangt, dass Gebet und Heilung einen Einfluss auf unsere Leben haben. Was ist ein Gebet anderes als ein Bemühen zu bekommen, was wir uns wünschen? Ein Bemühen, unsere Absicht Wirklichkeit werden zu lassen.

Was Heilung betrifft, habe ich eine Vorstellung, die parallel zu den Experimenten in unserem Labor zu sehen ist. Gehen wir von der Situation aus, einen Menschen im eigenen Umfeld zu haben, einen Verwandten oder Freund, der krank oder verletzt ist, und es gibt einen Heiler, der tausende Kilometer entfernt ist. Der Heiler hat die konkrete Absicht, dass es jener Person, die tausende Kilometer entfernt ist, besser geht.

Was passiert im kranken Menschen dabei? Sein Körper ist ein hochkomplexer Organismus, ein System, das normalerweise höchst effizient organisiert ist. Wenn der Mensch gesund ist, ist sein Organismus in Balance. Nun ist er krank, sein System funktioniert nicht mehr und braucht Heilung. Wo der Organismus normalerweise strukturiert und organisiert ist, tritt nun durch die Krankheit eine Unordnung ein, Notfallprogramme im Körper laufen ab. Was der Körper des Kranken wieder benötigt ist Ordnung, eine Information, die von dem zu Heilenden aufgenommen werden kann. Der Heiler hat eine lebendige, eine organisierte Intention, dass es dieser Person wieder gut geht. Um es mit dem Philosophen und Begründer der Quantenphysik, David Bohm, zu sagen: Wir haben eine Situation, die Information benötigt, und eine Quelle der Information. Wenn wir Information im Sinne David Bohms auslegen, die er aktive Information nennt, dann bringt diese Dinge aus der impliziten Ordnung, in der die Wirklichkeit als Ganzes zu verstehen ist, in die wirkliche Welt. Die Information, die der Heiler hat, wird vom zu Heilenden benötigt, und durch diese aktive Information, die universal und nicht-lokal ist, kann sie im zu Heilenden verwirklicht werden.

Wenn Sie für jemanden beten, der weit entfernt ist, ist dies keine vergebene Mühe. Es hat, wie unsere Versuche und die vieler anderer Teams zeigten, eine Wirkung, auch wenn wir die Gründe dafür noch nicht verstehen. Wir sollten keine Wunder erwarten, aber jedes bisschen kann helfen. Unsere helfende Absicht kann einen wichtigen Unterschied machen. Und unsere heilenden Gedanken werden niemandem schaden.

Unsere Absicht kann den Zustand der Realität verändern

»Es muss mittlerweile Millionen von Statistiken geben«, so Stephan A. Schwartz, »die beweisen, dass Individuen, die ihre Intention fokussiert auf Organismen, beginnend bei Bakterien über Säugetiere bis zum Menschen, richten, das Wohlbefinden dieser Lebewesen beeinflussen können, sowohl zum Positiven als auch zum Negativen.« Wissenschaftszweige wie *Therapeutic Intention Research* und *Distant Healing Research*, die sich damit intensiv auseinandersetzen, aber auch das *Global Consciousness Project* zeigen, dass eine bewusst fokussierte Absicht, speziell wenn sie von höchst emotionalem Inhalt begleitet wird, die Fähigkeit besitzt, den Zustand der Realität zu verändern.

»Was Max Plancks Idee beweist, ist, dass Raumzeit aus dem Bewusstsein entsteht, und dass das Verschmelzen von vielen Menschen durch ein beabsichtigtes, fokussiertes Bewusstsein, durch gemeinsame Intention wie bei Messen oder Gruppenmeditationen, buchstäblich die Struktur der Realität verändert«, so Schwartz. »Sie verändert sie in einer Art, die so minimal ist, dass sie nicht messbar wahrgenommen wird. Aber wir können die Realität manipulieren.«

Schwartz beschreibt ein Beispiel dafür: »Wir kauften eine Flasche Rotwein in einer Weinhandlung und dekantierten den Wein in zwei Karaffen. Wir brachten eine davon in einen Raum, in dem sich Meditierende befanden, und gaben ihnen den Auftrag, ihre Heilungsabsicht auf diese Karaffe zu richten. Sie wussten nicht, dass es auch noch eine zweite davon gab. Sie meditierten zwanzig Minuten lang, dann verließen sie den Raum. Wir füllten danach mit den Inhalten beider Karaffen 18 Gläser: neun mit jenem Wein, der zum Ziel der heilenden Meditation wurde, und neun weitere mit Wein aus der anderen Karaffe, mit der nichts gemacht wurde.

Wir haben dann mit Weinexperten eine Weinverkostung durchgeführt. Sie wussten nicht, welches Experiment wir zuvor durchgeführt hatten. Ihre Aufgabe war nur festzustellen, ob es einen Unterschied zwischen den Weinen gab und wenn ja, den Besseren auszuwählen. Mit einem klaren, signifikanten Abstand wählten die meisten jenen Wein, auf den die Meditation gerichtet war. Nur: Es war in allen Gläsern der absolut idente Wein aus derselben Flasche mit derselben Temperatur«, schildert Schwartz das Ergebnis. »Wir haben dieses Experiment wieder und wieder durchgeführt, mit größeren Gruppen, mit Menschen, die keine Ahnung von Wein hatten, mit Sommeliers, insgesamt 27 Mal machten wir diesen Test. Das Ergebnis war immer dasselbe. Die Wahrscheinlichkeit dafür lag bei 0,000001 Prozent.«

Welchen Schluss kann man daraus ziehen? »Aus Gründen, die wir nicht chemisch oder physikalisch erklären können, geschah durch die Meditation und diese positive Intention etwas mit dem Wein. Jede Analyse vorher und nachher zeigte, dass chemisch oder physikalisch nichts geschah. Auf einem subjektiv wahrgenommenen Level ist regelmäßig und bei jedem einzelnen Versuch jedoch sehr wohl etwas Eindeutiges passiert. Es war nicht zufällig, sondern sehr spezifisch.« Stephan Schwartz' Conclusio: »Ob Zufallszahlengeneratoren, die plötzlich nicht mehr zufällige Ergebnisse liefern, Weine, die anders schmecken, Bakterienkolonien, die schneller wachsen, Blutzellen, die sich schneller vervielfachen oder Tumore, die plötzlich und ohne ersichtlichen Grund verschwinden: Das alles sind beweisbare Beispiele, wie Bewusstsein die Realität verändert. Es sind experimentelle Beweise, dass Max Plancks Ausspruch, dass Bewusstsein kausal und fundamental ist, wahr ist.«

Warum alle Religionen dieselben
Zeremonien haben

In der Geschichte der Menschheit entwickelten Religionen immer wieder dieselben Formen von Ritualen. Bedenkt man die zum Teil gravierenden Unterschiede in ihrer Entstehung, Historie und ihrem kulturellen Umfeld, so ist dies umso erstaunlicher. Die empirischen Wissenschaften zeigen, wie sich Religionen entwickelt haben, nicht durch objektive Messungen mit Instrumenten, sondern schlicht durch eingehende Beobachtungen über viele Generationen. Alle Religionen, die jemals auf unserem Planeten entstanden sind, in welcher Kultur auch immer, haben bestimmte gemeinsame Merkmale.

Sie alle haben ihren Ursprung, in dem sie sich auf ein bestimmtes Individuum konzentrierten, das ein oder eine Serie von nicht-lokalen Bewusstseinserfahrungen hatte, ob es nun Jesus, Buddha oder Mohammed war.

Stephan Schwartz: »Wenn diese Persönlichkeit ausreichend charismatisch war, haben die Menschen ihre Aufmerksamkeit auf sie gerichtet. Religionen beginnen mit einer individuellen Erfahrung, aber sie enden in einer sozialen, kollektiven Übereinstimmung.«

Betrachten wir die religiösen Zeremonien, so werden wir feststellen, dass deren Elemente bei allen Religionen ähnlich bis gleich sind:

- Sie versammeln sich an einem heiligen Ort.

Schwartz: »Wir haben Forschungsergebnisse, die belegen, dass ein fokussiertes Bewusstsein, also die kollektive Intention, heilige Orte erst erzeugt.« Nicht das Kreuz in der Kirche oder das schöne Gemälde der Madonna macht einen Ort heilig, sondern die Kraft der Gebete jener Menschen, die an diesem Ort waren oder noch kommen.

- Sie geben eine Erklärung einer gemeinsamen Absicht ab.

Wie das Glaubensbekenntnis in der römisch-katholischen Kirche: »Ich glaube an Gott, den Vater, den Allmächtigen, den Schöpfer des Himmels und der Erde ...«

- Sie haben eine Phase des Singens, Tanzens, Trommelns.

Schwartz: »Wir wissen aus der neurowissenschaftlichen Forschung, der Neurotheologie, dass wenn dies geschieht, sich die Gehirne der Menschen in der Gruppe koordinieren. Wenn diese Verbindung entsteht, spricht man von einer kollektiven Intention.«

- Es kann dann Momente geben, wo vereinzelt Mitglieder der Gemeinschaft nicht-lokale Bewusstseinserfahrungen machen. Dazu kann auch Fernheilung gehören.

- Zum Schluss der Zeremonie folgt ein finales Bekenntnis mit neuerlicher Verpflichtung, sich wieder zu versammeln.

»Das *Global Consciousness Project*«, resümiert Zukunftsforscher Schwartz, »zeigt und belegt spontane Ereignisse, wo sich diese Art von kollektiver Absicht formiert. Wenn wir anthropologisch all die großen spirituellen Traditionen betrachten, sehen wir, dass die großen kollektiven Intentionen zu einer lebensbejahenden Absicht zusammenlaufen, dass jede Intention verflochten und verbunden ist – das ändert die Natur unserer Realität. Es zeigt uns, dass wir die Realität unserer Leben tatsächlich verändern können, indem wir uns dieser kollektiven, lebensbejahenden, mitfühlenden Intention mit anderen anschließen.«

Diese lebensbejahende Fähigkeit, dieses positive Bewusstsein, diese kollektive Kraft zeigt sich auch immer wieder in der Medizin. Und bringt erstaunliche Ergebnisse zustande.

Wie ein tödlicher Tumor verschwindet

Tumore, die aus wissenschaftlich nicht erklärbaren Gründen verschwinden, geben der Wissenschaft seit fast 200 Jahren Rätsel auf. Die Medizin spricht dabei von einer Spontanremission: Bei einer Erkrankung, die nachweislich bösartig ist, erfolgt eine Rückbildung des Tumors, die nicht im Rahmen der Therapie erklärbar ist.

Heute ist die Existenz von Spontanheilungen wissenschaftlich anerkannt und in vielen Fällen dokumentiert und nachgewiesen. Was bis heute offen bleibt, ist die Antwort auf die essentielle Frage: Wie ist dies möglich? Mein Freund, der Arzt Wayne Jonas, sucht in seinem neuen Buch

How Healing Works nach Antworten auf diese Frage. Er beschreibt seine über vierzigjährigen Erfahrungen als Arzt und Wissenschaftler im Bereich der Forschung und Patientenversorgung und seine Arbeit als Direktor der Abteilung für Alternativmedizin des *National Institutes of Health* sowie als Direktor des *Samuelli Institute* für Heilungsforschung.

Jonas erklärt, dass 80 Prozent der Heilungen außerhalb der ärztlichen Ordination geschehen, und beschreibt, wie wir unsere natürlichen Fähigkeiten der Selbstheilung nutzen können. Erfreulicherweise ist er nicht der Einzige, der so fortschrittlich denkt.

»Die Heilungskraft des menschlichen Körpers bei Krebs wurde wahrscheinlich unterschätzt«, meint der Zellbiologe und Bioinformatiker Professor Uwe Hobohm von der *THM University of Applied Sciences* im deutschen Giessen, der auf eine Fiebertherapie bei Behandlungen setzt. »Das hat Konsequenzen sowohl für die Therapie als auch für die Prophylaxe.«

Nahm man früher noch an, dass es nur ganz selten zu Spontanheilungen käme, so zeigen Studien des letzten Jahrzehnts andere Ergebnisse: »In einer Studie von 2008[16]«, so Hobohm, »wurde bei Brustkrebs für kleine Herde eine Spontanregressionsrate von etwa 20 Prozent gefunden. Wie vielen davon ein Infekt vorausging, wurde nicht untersucht. Wenn sich dieses Ergebnis erhärtet, hätte man die Selbsthilfekapazität des menschlichen Körpers weit unterschätzt.« Nachsatz: »Es gibt eine gewisse Neigung der Kliniker, vor den Selbstheilungskräften des Körpers die Augen zu verschließen.«

Noch im November 2005 hieß es im Deutschen Ärzteblatt: »Beim heutigen Wissensstand gibt es keine Empfehlungen, wie eine Spontanremission zu fördern wäre.«

Zweifelsohne spielt die Psyche bei jeder Erkrankung eine wesentliche Rolle. Patienten mit demselben Tumor im selben Stadium, identem Staging und selber Prognose, deren Umgang mit der Krankheit diametral unterschiedlich ist, haben meist auch eine unterschiedliche Lebenserwartung. Patienten, die an der Krebsdiagnose zerbrechen, sich aufgeben und die Therapien nur widerwillig machen, weil sie mit ihrem Leben bereits abgeschlossen haben, sterben in der Regel früher als Patienten, die zuversichtlich sind, positiv denken und sich der Krankheit mit der Überzeugung stellen, sie besiegen zu können.

In einer von mir an der *Princeton University* publizierten Studie, *The Physical Basis of Intentional Healing Systems*, ging ich von zwei Grundannahmen aus, die wir experimentell umfassend nachweisen konnten:

- Es gibt anormale Effekte bei Laborexperimenten, wo Versuchspersonen durch geistige Bemühungen das Verhalten von physikalischen Systemen verändern konnten.

- Parallele Experimente dazu zeigen, dass Information über weite Entfernungen erlangt werden kann, abgeschirmt von jeder normalen Form des Zugangs.

Diese Ergebnisse nahm ich als Grundlage und Modell für die Fernheilungs-Forschung, für die es nur einige wenige gut kontrollierte Experimente gab.

In einer Studie hat Dr. Randolph Byrd, ein Kardiologe aus San Francisco, Gruppen von wiedergeborenen Christen für 192 seiner 393 Patienten, die an der kardiologischen Intensivstation des *San Francisco General Hospital* operiert wurden, beten lassen. Im renommierten *The Southern Medical Journal* präsentierte er die Ergebnisse seiner Studie, die eine Lawine ins Rollen brachten: Patienten, für die gebetet wurde, wurden schneller gesund und wiesen viel bessere Gesundheitsparameter auf, sie brauchten weniger Medikamente und Intubationen beziehungsweise Atemunterstützungen. Die Folge waren Dutzende kontrollierte Studien, einige ohne jedes Ergebnis, aber die Mehrheit mit klaren, positiven Resultaten, die eine wichtige wissenschaftliche Grundlage für Fernheilung darstellten. Wie die Fernwahrnehmungs- und *Mind/Machine*-Experimente am PEAR hat die Heilungsforschung mittlerweile solide Protokolle für ihre Forschungen entwickelt. Obwohl es wesentliche Unterschiede zwischen dem Labor und der klinischen Forschung gibt, existieren doch bestimmte Gemeinsamkeiten.

Erkenntnisse einer physischen Einheit

*»Die Theorien, die heute als fundamental für unser Verständnis
der Natur gelten ..., sind meiner Ansicht nach Strukturen purer
Gedanken. Das Universum beginnt mehr wie ein großartiger
Gedanke als eine großartige Maschine auszusehen.«*

*– Sir James Hopwood Jeans
Britischer Physiker, Astronom und Mathematiker*

Die Grundannahmen, die Heilung und medizinischen Traditionen und Überlieferungen in vielen Kulturen seit Jahrhunderten zugrunde liegen, umfassen intuitive Erkenntnisse einer physischen Ganzheit oder Einheit und die Sicht der
Welt als miteinander verbunden. Alternative Medizin und
viele damit verbundene Therapien basieren auf diesen überlieferten Traditionen und teilen die Überzeugung, dass unser Geist, unsere Seele direkt zum Heilungsprozess beitragen können. Während Seele und Bewusstsein in derzeitige
medizinische und physische Modelle nicht eigens integriert
werden, sucht eine wachsende Anzahl an Medizinern Wege,
dies sehr wohl zu tun, motiviert oft von einer großen Zahl
solider experimenteller Beweise, dass menschliche Intention räumliche und zeitliche Barrieren überschreiten kann.

Mit dem heutigen medizinisch-wissenschaftlichen Verständnis sind alternative Heilmethoden, die auf Absicht
basieren, schwer bis gar nicht zu erklären. Fürbittende Gebete, schamanistische Heilung, therapeutische Berührun-

gen ohne Körperkontakt und Fernheilung scheinen den Heilungsprozess verstärken und beschleunigen zu können, aber ohne einen offensichtlichen Mechanismus. Mehr konventionelle Praktiken werden oft mit dem Placebo-Effekt oder »positiven Gedanken« zu erklären versucht.

Obwohl es kaum erklärende Modelle für alternative Therapien gibt und wenn, sind sie schwer nachvollziehbar, so sind doch einige Elemente gleich: Es gibt eine Erkrankung, die Anlass zur Sorge gibt. Und es gibt eine Information, die notwendig ist, um das durch die Krankheit gestörte System in den Zustand der Ordnung zurückzubringen. Die Heilung scheint speziell eine Funktion der »Absicht zu heilen« zu sein, und die Art und Weise der Intention scheint die Bemühung zu umfassen, eine Verbindung zwischen Heiler und dem zu Heilenden herzustellen. Durchdringende Verbindungen, die Einfluss und Information vermitteln, könnten eine wesentliche Rolle bei bestimmten Formen der Fernheilung spielen.

In unseren Versuchen am PEAR konnten wir eine nicht-lokale Verbindung des Bewusstseins zwischen physisch, also örtlich, und zeitlich getrennten Personen feststellen, die als Modell für die anormalen und unerklärlichen Verbindungen genommen werden können. Letztere sind ein zentrales Element verschiedener Formen von Heilung.

Ärzte, die mit Energie und Energiefeldern arbeiten, erzielen Wirkungen, obwohl es derzeit keine Technologie gibt, die damit korrespondierende Phänomene messen kann. Ein Freund, Hendrik Treugut, ist Präsident der Deutschen Gesellschaft für Energie- und Informations-Medizin (DGEIM). Er ist einer der führenden Experten, der die klinische Praxis und Forschung auf diesem Gebiet zusammenbringen will. Obwohl »Energie« etwas Physisches zu sein scheint, was einfacher zu untersuchen ist als Heilungsabsichten, so denke ich, dass diese Konstrukte einander ähnlicher sind, als man erwartet. In beiden Fällen ist Information der Mittelpunkt unseres meist fortgeschrittenen Verständnisses subtiler Phänomene und subtiler Energien, die unerklärt bleiben.

Bei fürbittenden Gebeten erfolgt immer die Anrufung einer höheren Macht mit dem Gebet als Kanal für diese Bitte. Auch hier spielt die Heilungsabsicht eine essentielle Rolle.

Bei Fernheilmethoden sucht der Heiler die Einheit mit dem Universum und so mit dem zu Heilenden. Diese Einheit ermöglicht, dass die Information des einen Teil des anderen werden kann.

Heilung ist Manipulation

»Heilung ist Manipulation«, bringt es mein Freund Stephan Schwartz auf den Punkt. »Du bist auf einem nicht-lokalen Level mit dem Empfänger der Intention, einer Person oder einem Organismus, verbunden. Du hältst die Intention für therapeutisch günstig oder negativ. Es ist aber kein Senden von Energie«, erklärt Schwartz, »obwohl das viele Bücher so beschreiben. Der Grund ist simpel: Unser Gehirn kann nicht genügend Energie erzeugen, um dies tatsächlich machen zu können. Es ist vielmehr ein Informationsphänomen. Sie manipulieren Information.«

Aber wie?

»Zwischen dem Heiler und dem zu Heilenden entsteht durch die Intention eine Verbindung, und diese stimuliert den Empfänger sein eigenes Immunsystem zu aktivieren. Es entsteht ein psycho-physikalischer Selbstregulierungsprozess«, meint Schwartz.

Ich würde noch einen Schritt weiter gehen. Der Heiler bringt in den Organismus des Empfängers, der krank ist, und dessen System gestört ist, einen Prozess der Ordnung. Ein System in Chaos und Unordnung gerät wieder in eine Ordnung.

WAS IST BEWUSSTSEIN?

Und wie entsteht es?

Es sitzt nicht im Gehirn, sondern scheint ein Informationsfeld zu sein, das alles im Universum verbindet

»Eines ist Bewusstsein sicher nicht: eingesperrt in unserem Kopf«, sagt die amerikanische Bestsellerautorin Lynne McTaggart, die sich mit Bewusstseinsforschung beschäftigt. Sie ist eine von vielen Wissenschaftlern und Experten, die überzeugt sind, dass unser Bewusstsein keinen lokalen Ort wie das Gehirn hat, das es erzeugt oder wo man es finden könnte.

»Wir wissen das durch zahlreiche Studien, die belegen, dass Bewusstsein ein ›Eindringling‹ ist. Es kann andere Menschen erfassen und sie verändern. Es gibt genügend Beweise, dass es völlig nicht-lokal ist. Wir können damit eine Art ›seelisches Internet‹ erzeugen, das viele Menschen verbindet und Intention überträgt. Es gibt viele Experimente, die zeigen, dass Menschengruppen über lange Distanzen ihr Bewusstsein verwenden können, um sich darauf zu konzentrieren und ihre Absicht zu übertragen.«

McTaggart hat dies unter anderem in einem Experiment demonstriert, das sie in Sydney, Australien, machte:

»Ich bat mein Publikum von 700 Menschen, ihre Intention auf Getreidekörner in einem Labor in Tucson, Arizona, zu übertragen. Die Wissenschaftler vor Ort wussten nicht, auf welches Saatgut wir unsere Gedanken richteten, doch dieses wurde deutlich größer als jenes, bei dem wir es nicht taten. Der Punkt ist: Unser Bewusstsein war anscheinend in Sydney, doch wir übertrugen es nach Tucson, das 12.575 Kilometer entfernt war. Versuche wie dieser belegen: Unser Bewusstsein sitzt nicht in unserem Gehirn oder an einem Ort.« Und McTaggart, die weltweit eine gefragte Vortragende ist, versucht eine Erklärung, über die sie auch ein Buch, *The Field*, geschrieben hat: »Wir sind alle Teil des Bewusstseins, denn es ist allgegenwärtig.«

Wir haben für *Der Welt-Geist* mit einem Dutzend Wissenschaftlern, Experten und Menschen, die sich mit Bewusstsein seit langem auseinandersetzen, Gespräche geführt und jedem dieselbe Frage gestellt: »Was ist Bewusstsein?«

Die Erklärungen sind zum Teil sehr unterschiedlich, denn es gibt bis heute keine allgemein gültige Antwort auf diese gleichsam faszinierende und essentielle Frage.

McTaggarts Modell geht von subatomaren Teilchen aus: »Man muss sie sich wie schwingende Pakete von Energie vorstellen, die konstant Energie zu anderen subatomaren Teilchen aussenden und sie empfangen wie ein endloses Tennismatch. Und wenn dies passiert, entsteht ein kleines virtuelles Teilchen. Es hat nur ganz wenig Energie, aber wenn man all die vielen Tennisspiele addiert, die sich in unserem Universum abspielen, erhält man diese unermessliche Menge von Energie in einem leeren Raum. Manche Forscher nennen sie Nullpunktenergie.« Das ist die Differenz zwischen der Energie, die ein quantenmechanisches System im Grundzustand besitzt, und dem Energieminimum, das das System hätte, wenn man es klassisch beschreiben würde. »Etliche Forscher meinen, diese Nullpunktenergie sei in Wahrheit das Bewusstsein, der Grundzustand allen Seins«, so McTaggart. »Es ist eine gigantische Sammlung von allem, was jemals war, jeder Information. Es wird ständig aktualisiert und erneuert, wir zapfen es laufend an.«

Einige Aspekte dieses Modells sind vielleicht schwer zu verstehen und noch schwerer zu akzeptieren, obwohl McTaggart ein Konzept der Physik dafür verwendet, wenn auch in einer ungewöhnlichen Form. Der Kern ihrer Beschreibung findet jedoch Widerhall bei anderen.

Bewusstsein ist fundamentaler als Materie

»Bewusstsein ist ein kosmisches Phänomen, das so wesentlich und fundamental ist wie Energie«, weiß der Wissenschaftsphilosoph und Systemtheoretiker Prof. Dr. Ervin László, Präsident und Gründer des Club of Budapest, einer Stiftung, der Persönlichkeiten wie der Dalai Lama, die Friedensnobelpreisträger Michail Gorbatschow, Desmond Tutu und Muhammad Yunus oder der Schriftsteller Paulo Coelho angehören. »Und es ist fundamentaler als Materie. Es ist ein grundlegendes Phänomen im Kosmos, das wir nicht erzeugen, sondern nur empfangen und übertragen können«, so László. »Es ist ein Faktor von Intelligenz im Kosmos. Es ist, was das Universum ausmacht.«

Professor László hat sich in seiner wissenschaftlichen Arbeit jahrzehntelang intensiv mit Geist und Bewusstsein beschäftigt und einer »großen vereinheitlichten Theorie«, bei der er sich auch auf den Physiker Stephen W. Hawking beruft. In seinen Arbeiten zu einem holistischen Weltbild propagiert Ervin László die Idee eines grundlegenden Feldes, das er A-Feld (Akasha-Feld) nennt und das sowohl quantenphysikalische als auch parapsychologische Phänomene erklären soll. Dieses A-Feld soll eine Art kosmisches Gedächtnis darstellen, in dem auf nicht-lokale Weise überlichtschnelle Informationsübertragung im Quantenvakuum stattfinden soll. »Auf Basis meiner Forschung und Experimente glaube ich, dass die fundamentalen Elemente im Universum Energie und Information sind. Bewusstsein ist eine Form informierter Energie in einer Art, wie auch David Bohm den Begriff verwendet, als kohärente Form von Energie. Bewusstsein beeinflusst alle Dinge in Raum und Zeit.«

»Unser Gehirn wie auch alle anderen Dinge im Universum, Raum und Zeit können mit dem Bewusstsein interagieren und Elemente davon empfangen. Aber sie produzieren es nicht. Bewusstsein ist grundlegender als lebende Organismen, fundamentaler als DNA oder jedes andere Element. Ich denke, das sind die grundlegenden Elemente, die das Universum zu einem System machen, einem Feld der Kohärenz in Raum und Zeit.«

Ervin László sieht das A-Feld als implizit, unantastbar, ähnlich wie das Nullpunktenergiefeld, als konstantes, immerwährendes Gedächtnis des Universums: »Es ist ein Informationsfeld. In meinem letzten Werk *The Self-Actualizing Cosmos* sage ich, dass der Kosmos der ursprüngliche Grund ist, aus dem das Universum, ein Raum-Zeit-Feld innerhalb des Kosmos, entstanden ist. Der Kosmos als die Intelligenz des Universums ist grundlegend, und alle Dinge, die sich in Raum und Zeit ereignen, interagieren mit diesem holographischen Feld. Alles ist von diesem Hologramm beeinflusst. Und alles, was sich ereignet, dringt in dieses Hologramm ein. Alles beeinflusst jedes durch dieses kosmische Bewusstseins-Hologramm.«

Ervin László, dieser große Denker unserer Zeit, sieht einen Bewusstseinswandel hin zu einer globalen Bewusstwerdung: »Alle Dinge, die sich in diesem Feld aus Raum und Zeit ereignen, das wir Universum nennen, sind miteinander verbunden, denn sie sind alle Information. Die grundlegende Natur dieses Hologramms ist nicht Materie oder reine Energie, sondern informierte Energie. Dieser informierte Aspekt ist eine Art von Intelligenz, die diese informierte Energie zu einer Form macht, die Bewusstsein erzeugt und begründet.«

Die Quantenphysik bringt
Licht ins Dunkel

Die Verbindungen zwischen dem Menschen und dem Universum »kommen ans Tageslicht, weil es immer mehr Untersuchungen unter dem Dach der Quantenphysik gibt«, so Professor László. »Es gibt mehr und mehr Beweise dafür, dass das Einstein-Podolsky-Rosen-Experiment, die Verbindung zwischen Teilchen im selben Quantenzustand, real ist.«

Das Einstein-Podolsky-Rosen-Paradoxon, kurz EPR, ist ein quantenmechanisches Phänomen, das Einstein auch »spukhafte Fernwirkung« nannte und das David Bohm weiterentwickelte. Es war zunächst ein Gedankenexperiment, in dem die Behauptung aufgestellt wurde, die scheinbar absurde und paradoxe Hypothese, dass verschränkte Teilchen ihre gegenseitige Wechselwirkung behalten würden, auch wenn sie durch kosmische Distanzen getrennt sind.

Erst später wurde der Effekt im Labor nachgewiesen, der belegt, dass die Quantenmechanik gegen eine Grundannahme klassischer Theorien, den lokalen Realismus, verstößt: »Die Verbindung zwischen Teilchen ist nachweisbar. Es kann nicht mehr seriös bestritten oder angezweifelt werden, die Experimente, die wiederholbar sind, sind eindeutig«, so László.

»Der andere Bereich, der immer überzeugender ans Licht kommt, ist das Bewusstsein jenseits des Gehirns. In anderen Worten: Bewusstsein endet nicht mit der Funktion des menschlichen Gehirns. Bewusstsein geht weiter, sogar wenn das Gehirn nicht länger arbeitet. Die wichtigsten Belege dafür sind Nahtoderlebnisse. Menschen beschreiben hinterher bewusste Erfahrungen, während ihr Gehirn tot war. Aber auch eine Menge Botschaften wurden erhalten, die aufgezeichnet und nun ausgewertet werden und darauf hinweisen, dass sogar dann, wenn das Gehirn komplett tot ist, also der Mensch verstorben ist, eine Art Erfahrung möglich ist, die durch ein Medium übermittelt und erzählt werden kann«, erklärt Ervin László sein Modell. »Diese Erlebnisse haben ein hohes Ausmaß an Wahrscheinlichkeit. Je mehr dieser Erlebnisse ans Tageslicht kommen, desto mehr formulieren kognitive Wissenschaftler ihre Zuversicht, dass Bewusstsein ein Phänomen ist, das weder auf unser Gehirn beschränkt ist noch auf einen speziellen Ort in Raum und Zeit.«

Professor László beschreibt in seinem Buch *Seele, Tod & Jenseits* etliche konkrete Fälle, wo Information von einem Toten auf Lebende übertragen wurde, die belegt, aber mit unserem heutigen Bild von Leben und Tod nur schwer zu verstehen oder akzeptieren sind.

Unser Bewusstsein existiert
nach dem Tod weiter

Wissenschaftsphilosoph László wird noch konkreter: »Das alles bedeutet, dass Bewusstsein auch nach unserem Tod weiter existiert. Dies hat enorme Auswirkungen auf alle Religionen. Es beweist die Unsterblichkeit der Seele.

Ich möchte aber über das Fortbestehen des Bewusstseins reden: Es bestätigt, dass in allen spirituellen Bereichen, ob Religion oder informeller Glaube, das Bewusstsein, wie wir es erfahren, nicht alleine abhängig vom physischen Gehirn ist.«

Ich stimme Professor László voll und ganz zu, basierend auf Labor- und Feldexperimenten, die die außergewöhnliche Reichweite und die Fähigkeiten des Bewusstseins belegen.

Es würde auch Phänomene wie Fernwahrnehmung oder Telekinese erklären. Etwas wie Intention erfordert nicht diese Masse an organischem Material innerhalb unseres Schädels. Es erfordert etwas anderes, das wir Geist oder Bewusstsein nennen. Bewusstsein erfordert nicht einen Körper – eher umgekehrt.

Doch was hat eine solche Erkenntnis für konkrete Folgen? »Wir benötigen neue Konzepte des Lebens, der Seele, der Materie, von allem«, so Ervin László. »Ich nenne es ›das neue Paradigma‹, das neue Denkmuster. Es ist ein Umdenken, eine Neukonzeptionierung von all dem, an das wir im Wesen unserer Welt glauben. Es ist nicht etwas, das man einfach dazu nimmt, es ist eine völlig neue Antwort auf die Frage: Was ist die Welt und wer sind wir? Es ist ein fundamental neues Konzept, das einige sehr alte Ideen der Menschheit wieder zurückbringt. Es ist aber zweifelsohne weit entfernt von der Newtonschen Physik und der Darwinistischen Theorie in der Biologie.«

Bewusstsein ist Information

»Die Wirklichkeit ist nur eine Illusion –
aber eine sehr hartnäckige.«

– Albert Einstein

»Die Realität ist ein Konstrukt von Information«, ist Futurist Stephan Schwartz überzeugt. »Das zeigt besonders die Erforschung von Nahtoderlebnissen, aber auch die Reinkarnationsforschung. Sie belegen eindrucksvoll, dass die Information weiter existiert, auch wenn der physische Organismus aufgehört hat zu leben.«

Der kanadische Psychiater und Begründer der Reinkarnationsforschung, Dr. Ian Stevenson, dokumentierte in mehreren Studien und später auch in seinen Büchern Tausende untersuchte Fälle, die seine Reinkarnationshypothese auf ein erstaunlich stabiles wissenschaftliches Fundament stellen.

Stevenson war zunächst leitender Psychiater an der Universitätsklinik in Charlottesville, Virginia, USA, schließlich Professor für Psychiatrie an der *University of Virginia* sowie Vorstand der *Division of Personality Studies*.

Stevenson kommt zum Schluss, dass bis zum circa achten Lebensjahr Kinder in der Lage sind, sich an frühere Leben zu erinnern. Es ist erstaunlich, wie ihre Angaben Nachprüfungen standhalten. Visionäre Träume, Muttermale, nässende Wunden bei der Geburt stellen sich oft als Hinweise auf frühere Leben heraus. Meistens können sie sich erinnern, wenn der Tod gewaltsam und plötzlich eintrat. Das Besondere dabei: Stevenson stellte nie die Genetik in Frage, nie die Psychoanalyse oder mögliche pränatale Ursachen. Doch er belegte einfach durch zahlreiche bis ins kleinste Detail dokumentierte Fälle, dass diese bekannten Erklärungsmodelle bei vielen dieser Phänomene versagen.[17]

»Wenn man Stevensons Hauptwerk *Reincarnation and Biology* liest«, so Futurist Schwartz, »und die darin dokumentierten Fälle betrachtet, so haben Menschen traumatische Erlebnisse, die sich in einer Veränderung ihrer genetischen Struktur manifestieren. Und diese werden in ein anderes Leben übernommen. Das ewige Selbst, das Religionen Seele nennen, manifestiert sich häufig in einer anderen Person, die zur Welt kommt und reinkarniert. Was sie in das Leben mitbringt ist Information.«

So dokumentierte Stevenson Fälle von zwei- bis dreijährigen Kindern, die Ähnliches erzählten: »Als ich groß war ...« »Du bist nicht meine echte Mutter, ich möchte zu meiner Mutter ...« »Bevor ich zu dir kam, lebte ich am Meer ...«[18]

Ist Wiedergeburt möglich?
Kehren wir in diese Welt zurück?

Einer der spektakulärsten Fälle begleitete Stevenson über Jahrzehnte. Ein 18 Monate altes Mädchen aus dem Libanon griff immer wieder zum Telefon und rief hinein: »Leila, Leila ...!« »Das Mädchen erzählte bereits als Kleinkind über ihr früheres Leben als verheiratete Frau mittleren Alters, die mehrere Kinder hatte, und eines davon hieß Leila. Die Frau, die sie früher gewesen sein will, war nicht lange vor der Geburt des reinkarnierten Mädchens tatsächlich verstorben, sie lebte in Richmond, Virginia, und überlebte eine Herzoperation nicht«, beschreibt Stevenson die Details. Aufgrund der Schilderungen des libanesischen Mädchens konnte die Familie ausgeforscht werden.

Selbst sechs, sieben Jahre später, als Stevenson das Mädchen wieder traf und neuerlich ausführlich befragte, sprach sie noch immer über ihr früheres Leben: »Sie fühlte sich nicht nur mit den Kindern der verstorbenen Frau eng verbunden, sondern auch mit ihrem früheren Ehemann, den sie drei-, viermal am Tag anrief, um zu fragen, wie es ihm geht und was es Neues gibt. Sie war extrem eifersüchtig, als er Interesse an einer früheren Freundin der verstorbenen Frau zeigte und diese schließlich heiratete. Mit 25 Jahren war sie noch immer unverheiratet und noch immer sehr verbunden mit dem früheren Ehemann der verstorbenen Frau.«

Als Professor Stevenson seine Forschung begann, konzentrierte er sich auf die Aussagen und Schilderungen der Kinder und prüfte, ob diese verifizierbar sind, ob sie tatsächlich stimmen oder nicht: »Aber in diesen Fällen liegt viel mehr als das«, so der Begründer der Reinkarnationsforschung. So konnte er immer wieder eine ähnliche Struktur erkennen, die bei Fällen dieser Art ähnlich ist:

- Die Vorhersage einer sterbenden oder sehr alten Person über Eltern oder Umstände, die sie sich für das nächste Leben wünscht
- Die Schilderung eines Traumes, insbesondere werdender Mütter
- Anomalien bei Babys wie Muttermale oder Geburtsfehler entsprechend physischer Erlebnisse im vorigen Leben wie zum Beispiel Wunden einer verstorbenen Person
- Schilderungen des Kleinkindes über Ereignisse, Personen und Plätze aus einem früheren Leben
- Ungewöhnliches Verhalten, das jenem Verhalten der verstorbenen Person entspricht, zum Beispiel Aversionen, Ängste, Phobien et cetera

»Im Kleinkindesalter zeigen sich Phobien, die Ängste vor dem Mittel oder der Art des Todes in einem früheren Leben umfassen, zum Beispiel Autos, Feuerwaffen, Messer, und auch vorm Ort des Todes wie einem See, in dem man ertrunken ist. Es zeigen sich Störungen in der Beziehung mit der Familie, das Kind will zur ›alten, früheren‹ Familie zurück«, schilderte Stevenson die typischen Merkmale solcher Fälle. »In einem Fall war dieser Wunsch so ausgeprägt, dass das Mädchen sogar in einen Hungerstreik trat, nur um zu ›ihrer‹ Familie zurückgebracht zu werden.«

Wenn Autopsieberichte belegen, was ein Kleinkind über seinen Tod in einem früheren Leben erzählt

Besonders auffällig an Stevensons Forschungen ist, dass er die meisten Fälle von Kindern, die wiedergeboren sein wollen, in jenen Teilen der Erde fand, deren Kulturen auch an Reinkarnation glauben, so speziell in Südostasien, Indien, Burma, Sri Lanka und Westafrika. Aber es ist kein reines Phänomen solcher Länder, auch in Mitteleuropa und den USA analysierte Stevenson etliche Fälle. In einem eigenen Buch dokumentierte er nur Fälle aus Europa: »Sie gleichen sich alle, ob in Asien oder der westlichen Welt.«

Das wichtigste Mittel bei der Untersuchung solcher Phänomene ist das Interview, das ausführliche Gespräch, das aufgezeichnet und ausgewertet wird. Dann beginnt die Recherche, ob die geschilderten Ereignisse mit der Person übereinstimmen, die das Kind zuvor gewesen sein will. Diese Recherche ist oft mit gigantischem Aufwand verbunden, bis hin zu Autopsieberichten wird alles ermittelt und analysiert, was ein klares Bild der Fakten erzeugen kann. »In vielen Fällen haben wir eine hohe Übereinstimmung zwischen den Ergebnissen von Autopsien, die oft lange vor der Geburt des Kindes verfasst worden sind, und den Muttermalen und Geburtsdefekten des Kindes feststellen können«, so Professor Stevenson. So fanden sich Dutzende Fälle, wo der Sitz von Muttermalen oder Geburtsdefekten an derselben Stelle wie die Wunden der Todesursache war: »Ein Junge, der im früheren Leben Selbstmord begangen haben will, und sich eine Kugel von rechts unter dem Kinn nach oben in den Kopf schoss, hatte im jetzigen Leben dort, wo die Eintrittswunde war, ein großes Muttermal und an der Austrittswunde eine narbenähnliche Anomalie. Wir holten uns den Autopsiebericht aus der Polizeiakte, die erst langwierig im Archiv gesucht werden musste, und er belegte tatsächlich exakt das, was der Junge uns erzählte. So etwas passierte uns nicht einmal, sondern oftmals.«

Psychologische Untersuchungen und Tests folgten dann, ebenso wie Gespräche mit den Verwandten der verstorbenen Person, die reinkarniert sein soll.

Jede Forschung in wissenschaftlichen Bereichen, die sich einer logischen, rationalen Erklärung entziehen und nicht replizierbar sind, werden oft angezweifelt. Stevenson hat daher bei seinen Fällen wesentliche Kritikpunkte wie Schwindel und Fälschung, Fantasie, Paramnesia (Wahnvorstellungen oder die Unfähigkeit, zwischen Realität und Fantasie zu unterscheiden) und Cryptomnesia (wo vergangene Erinnerungen wiederkehren, die von der Person aber als neu eingestuft wird) durch laufend optimierte Untersuchungsmethoden versucht von vornherein auszuschließen.

Was danach als Deutungsmodell übrigblieb, waren durchwegs unerklärbare Phänomene: übersinnliche Wahrnehmungen mit der Entwicklung einer zweiten Persönlichkeit, Besessenheit oder – tatsächlich – Reinkarnation.

Stevensons Forschungen begannen lange, bevor es das Internet oder Mobiltelefone gab, und dauerten bis in die

2000er-Jahre. Fälle wurden von ihm und seinem Team an der *University of Virginia* nur weiterverfolgt, wenn es tatsächlich überzeugende wissenschaftliche Beweise dafür gab, dass es sich hier um eine Reinkarnation handeln könnte: Die Aussagen der reinkarnierten Person mussten exakt mit Ereignissen im Leben der verstorbenen Person übereinstimmen. Die beiden betroffenen Familien wussten nichts von der Existenz der jeweils anderen und kannten einander nicht. Die Aussagen der reinkarnierten Person wurden aufgezeichnet, bevor sie verifiziert wurden. Der Fall wurde innerhalb weniger Wochen überprüft und recherchiert.

Fast alle Fälle, die Stevenson wissenschaftlich untersuchte, wiesen dieselben Merkmale auf:

- Das Alter, in dem Kleinkinder von ihrem früheren Leben erzählten, lag zwischen zwei und fünf Jahren.
- Das Alter, als sie aufhörten, spontan vom früheren Leben zu erzählen, lag bei fünf bis sieben Jahren. Manche erinnerten sich auch länger an ihr einstiges Leben, und einige wenige nahmen die Erinnerungen sogar bis ins Erwachsenenalter mit.
- Hohe Häufigkeit eines gewaltsamen Todes im früheren Leben, die Wahrscheinlichkeit lag bei 60 Prozent aller untersuchten Fälle. [19]

Was sagen uns diese wissenschaftlichen Forschungen? Wenn Bewusstsein Information ist, dann scheint diese Information über unseren Tod hinaus bestehen zu bleiben.

Es ist dabei völlig irrelevant, ob man an Reinkarnation glaubt oder nicht. Fakt ist, dass wissenschaftliche Beweise wie jene von Professor Ian Stevenson in beeindruckender Weise zeigen, dass es zahlreiche Fälle gibt, die man mit den heutigen wissenschaftlichen Standardmodellen nicht erklären kann. Aber sie existieren, soviel ist gewiss.

Idealismus zeigt uns, was in der fundamentalen Realität passiert

»Bewusstsein ist Erkenntnis«, sagt mein Freund und Kollege Dr. Dean Radin, Forschungsleiter vom *Institute for Noetic Sciences* in Petaluma, Kalifornien.

»Ich habe viele Jahre versucht, so wie andere Wissenschaftler auch, parapsychologische Phänomene in die mechanistische Weltsicht, die Welt der klassischen Wissenschaften, einzugliedern, aber es funktioniert nicht besonders gut. Man muss dazu mit einer anderen philosophischen Einstellung und Haltung beginnen. Idealismus ist der totale Gegensatz zu reduktivem Materialismus, also der Weltsicht, dass nur Materie real ist, und dass alle Prozesse und Realitäten, die man im Universum beobachten kann, erklärt werden können, indem man sie auf ihre grundlegenden Komponenten wie Atome und Moleküle reduziert. Idealismus besagt, dass Wirklichkeit in radikaler Weise von Denken und Erkenntnis bestimmt ist.« Und Radin bringt es auf den Punkt: »Wie können wir beginnen rational zu verstehen, warum diese Phänomene existieren? Ich glaube, dass Idealismus der bessere Weg ist, um zu zeigen, was in der fundamentalen Realität tatsächlich passiert.«

Es ist nur mehr eine Frage der Zeit, davon bin ich zutiefst überzeugt, bis viele Wissenschaftler von ihrem hohen Ross herabsteigen, von dem sie heute viele Phänomene nur mit einem Lächeln abtun. Dass diese Phänomene real und mit wissenschaftlichen Mitteln nachweisbar sind, haben wir in Princeton und viele andere Wissenschaftler rund um den Erdball, von denen ich in diesem Buch nur einige wenige exemplarisch nennen kann, ausführlich nachgewiesen. Das ist kein esoterischer Humbug, das sind seriöse wissenschaftliche Ergebnisse. Wo wir noch am Anfang stehen, ist deren Deutung. Doch das haben wir mit vielen wissenschaftlichen und zum Teil fundamentalen Fragen gemein.

Was ist unser Geist? Wie sieht es im Inneren eines Schwarzen Lochs aus? Gibt es noch anderes Leben im Universum? Wie entsteht Krebs? Wie entstehen Gedanken? Kein Mensch kann mit heutigem Stand der Wissenschaft diese Fragen beantworten. Was wir aufstellen können sind reine Hypothesen, mehr nicht. Trotzdem sind wir tagtäglich mit deren Auswirkungen konfrontiert, die sich ebenso messen lassen wie der Einfluss von Intention auf Materie, nämlich Zufallszahlengeneratoren. Fakt ist: Millionen Menschen leiden an Krebs. Es gibt Schwarze Löcher. Wir können klare Gedanken fassen. Kein Mensch wird dies anzweifeln. Warum das so ist, entzieht sich aber unserer Kenntnis.

Daher ist es unverständlich, warum Phänomene, für deren Existenz es jede Menge wissenschaftliche Beweise, Studien und Erkenntnisse gibt, noch immer von Teilen der Wissenschaft angezweifelt werden. Diese Haltung ist engstirnig, kleinkariert, überheblich – und im Jahr 2018 vor allem eines: überholt.

»Die einzige Sache, derer wir uns sicher sein können, ist unsere eigene Erfahrung«, sagt Dean Radin. »Warum das so ist? Weil wir ein Bewusstsein haben. Wir wissen von den Neurowissenschaften, aber auch durch unsere eigene Erfahrung, dass die Welt mehr oder weniger ein Konstrukt ist. Wir sehen, was wir sehen wollen. Wir glauben, was wir glauben wollen, was uns die Politik in den USA gerade sehr deutlich vor Augen führt. Wenn eine idealistische Position tragbarer ist als eine materialistische, so ist der klassische Weg das zu widerlegen, indem man gegen einen Felsen tritt und sagt: Ich widerlege das! Ich werde mir meinen Zeh brechen, wenn ich gegen einen Felsen trete, weil ein Felsen keine Illusion ist. Aber Idealismus heißt nicht, dass die Welt eine Illusion ist, es bedeutet, dass sie buchstäblich erschaffen ist.«

So hat Dean Radin ein interessantes Erklärungsmodell entwickelt: »Eine idealistische Philosophie kann mit Wissenschaft kompatibel sein. Ich denke, Wissenschaft unterteilt die Welt in verschiedene Disziplinen, die eine Wissenspyramide formen. Diese Pyramide hat die Physik als Grundlage, Chemie, Biologie, Psychologie et cetera folgen. An der Spitze der Pyramide ist das Bewusstsein. Weil dieses Modell über hunderte Jahre so praktikabel war, macht es keinen Sinn, sich dessen zu entledigen. Aber dieses Modell ist nicht kompatibel mit den Phänomenen, die wir nun erforschen und messen können. Wenn man einen idealistischen Standpunkt hat, muss man nur eines bei dieser Wissenspyramide machen: Die Grundlage austauschen und das Bewusstsein unten als Basis einfügen. Wir gehen von einem ursprünglichen Bewusstsein aus, das alles beschreibt, und das vor der Physik, also auch vor der Raumzeit existierte. Es existierte vor der Energie und der Materie und vor allem, was wir in der physischen Welt kennen. Nun haben wir mit einem Mal eine Wissenspyramide, die alles beinhaltet, alle bekannten Disziplinen, nichts davon verändert sich, nur die grundlegende Annahme. Wie sich Chemie aus der Physik entwickelt, so behaupten wir, dass die Physik sich aus dem Bewusstsein entwickelt hat. Wenn das tatsächlich der Fall wäre, so könnte man Dinge wie parapsychologische Phänomene mit einem Mal ganz einfach erklären.«

Und Dean Radin untermauert sein Weltbild mit einem Beispiel: »Was bei allen psychischen Phänomenen schwer zu begreifen ist: wie wir sie durch eine materialistische Sichtweise erklären können. Wie kann mein Geist sehen, was eben jetzt auf Pluto passiert? Man müsste alle Arten von elektromagnetischen Signalen und Erklärungsversuchen involvieren. Aber in einem Modell, wo Bewusstsein die Grundlage ist, wo Bewusstsein vor der Raumzeit ist und die physikalische Welt daraus entsteht, dort durchdringt Bewusstsein alles. Das bedeutet: Bewusstsein formt die physikalische Realität.«

TIERE HABEN EIN BEWUSSTSEIN

Die außergewöhnlichen Fähigkeiten
unserer treuesten Gefährten

**Von der Vorahnung bei Katastrophen
bis zum Warten vor der Haustür**

Es ist der Ort des Friedens, der im 2. Jahrhundert vor Christus von buddhistischen Mönchen bewohnt war, ein Naturreservat mit Monsunwäldern, den mächtigen Flüssen Menik Ganga und Kumbukkan Oya und einer Flora und Fauna, die einzigartig ist: Asiatische Elefanten, Sri-Lanka-Leoparden, der Axishirsch und der Goldschakal leben gemeinsam in diesem 1.512 Quadratkilometer großen Areal mit Sumpfkrokodilen, Bengalenwaranen oder dem Buntstorch. Wäre das Paradies ein realer Ort, so hätte es wohl Ähnlichkeit mit dem Yala-Nationalpark, dem ältesten Naturschutzgebiet Sri Lankas im Südosten der Insel. Über 150.000 Menschen besuchen Jahr für Jahr diesen magischen Ort.

Als die ersten Rettungskräfte am 26. Dezember 2004 in Yala eintrafen, nachdem sich das Meerwasser zurückgezogen hatte, herrschte Totenstille. Der 35 Kilometer lange Küstenstreifen des Nationalparks war ein Bild völliger Verwüstung.

Der Tsunami, eine gigantische Flutwelle, die an diesem Tag als Folge eines Erdbebens im Indischen Ozean von Indonesien über Sri Lanka bis Thailand ganze Küstengebiete zerstörte, hatte aus den mythischen Plätzen des Parks eine Todeszone gemacht. Ganze Palmenhaine wurden aus dem Boden gerissen, die Leichen von fast 200 Menschen fanden sich am Strand und bis zu mehreren hundert Metern im Landesinneren. Es gab kaum Überlebende. Mehrere Stunden sollten vergehen, dann erst fiel den Helfern bei der Bergung der Toten auf, dass nirgends Kadaver von getöteten oder verendeten Tieren zu finden waren. Der Nationalpark ist von großen und kleinen Tieren dicht besiedelt, aber es waren keine Überreste von ihnen zu sehen. Es gab keinen einzigen toten Elefanten, von denen alleine 200 im Reservat lebten. »Nicht einmal ein toter Hase oder ein totes Kaninchen waren zu finden«, weiß H.D. Ratnayake, der Vizedirektor der Naturschutzbehörde Sri Lankas.[20]

Ein ähnliches Bild zeigte sich fast überall am Indischen Ozean, wo der Tsunami wütete. Fast 230.000 Menschen sollten an diesem Tag ihr Leben verlieren – aber kaum Tiere. Wie war das möglich?

Tatsächlich gaben nach dem Erdbeben tausende Augenzeugen zu Protokoll, wie schon Stunden zuvor Elefanten brüllten und in höher gelegene Gebiete liefen, Hunde sich weigerten, vor die Tür zu gehen, Flamingos ihre tiefer gelegenen Brutplätze verließen und Zootiere sich in ihre Höhlen und Unterschlupfplätze verkrochen und nicht mehr aus ihnen herausgelockt werden konnten.

Sofort war in den Medien von einem »sechsten Sinn« der Tiere zu lesen, der Fähigkeit zur Vorahnung von Ereignissen. Plausibel wirkende Theorien gibt es etliche, sichere Erkenntnisse kaum. Dass es eine Art Vorahnung gibt, kann wissenschaftlich nicht mehr als Erfindung abgetan werden: »Dafür gibt es einfach zu viele Berichte über sie«, weiß der Naturwissenschaftler und emeritierte Professor für Physikalische Chemie an der Freien Universität Berlin, Helmut Tributsch. Tributsch widmete sein wissenschaftliches Leben seit einem Erdbeben in Friaul 1976, bei dem auch sein Geburtshaus zerstört wurde, der Erforschung des Verhaltens von Tieren und deren mögliche Fähigkeit der Vorhersage von Ereignissen wie Erdbeben. Bei seiner Forschung wurde Tributsch bereits in der Antike fündig. Schon der römische Schriftsteller Plinius der Ältere nannte unruhige Vögel als eines von vier Erdbeben-Vorzeichen. Auch Alexander von Humboldt berichtete 1797, dass die Tiere verrücktspielten, kurz bevor in Venezuela die Erde bebte. Die Erkenntnisse von Tributsch sind eindeutig: »Statistisch gesehen gibt es diese Phänomene rund zwanzig Stunden vor Erdbeben ab der Stärke 6,5 auf der Richterskala. Je näher das Beben rückt, desto deutlicher werden die Verhaltensänderungen.«[21]

Den Wahrheitsgehalt dieser Berichte können Wissenschaftler schwer anzweifeln. Wie es allerdings funktioniert, ist bis heute nicht erklärbar. Denn nicht nur einzelne Tierarten scheinen diese Fähigkeit zu besitzen, sondern große ebenso wie kleine Tiere durch alle Arten und Gattungen hindurch.

Aber wie sieht es mit dem Menschen aus? Als wir nach Auswirkungen des Tsunamis im Indischen Ozean in den Daten des *Global Consciousness Project* suchten, fanden wir starke Abweichungen in der halben Stunde rund um das Erdbeben im Ozean, das der Auslöser für die gigantische Flutwelle war. Was im aktuellen Kontext jedoch noch viel interessanter ist, ist ein langer Zeitraum extremer Abweichungen 24 Stunden vor dem Erdbeben. Die Spitze dauerte zwanzig Minuten lang an.

Mein Freund Peter Bancel ist ein Experimentalphysiker, der in Paris lebt. Er hat viele aufschlussreiche Analysen meiner Daten gemacht. Zu den interessantesten gehört die Untersuchung möglicher Zusammenhänge mit Erdbeben. Er hat die *Global Consciousness Project*-Datenbank heruntergeladen und zog die Segmente heraus, die großen Erdbeben entsprachen. Er analysierte rund 600 Erdbeben mit einer Stärke von 6 oder größer auf der Richter-Skala. 500 davon hatten ihren Ursprung im Ozean, 100 am Land, wo sie für Verwüstung und zahlreiche Todesopfer verantwortlich waren.

Eine Untergruppe davon, in der alle Erdbeben in Nord- und Südamerika, Europa und Asien zusammengefasst wurden, zeigte ein markantes Muster in der Analyse: Die Zufallsdaten begannen rund 8 Stunden (!) vor einem Erdbeben abzuweichen, erreichten eine maximale negative Abweichung im Moment des Hauptbebens und kehrten dann langsam zum Normalzustand zurück.

Da dies eine Post-hoc-Untersuchung war, betrachtet Dr. Bancel diese Analyse trotz der auffälligen Ergebnisse nicht als schlüssigen Beweis für die Vorahnung eines globalen Bewusstseins – aber was ist es dann?

Sind Tiere mit dem aktiven Informationsfeld verbunden?

Es spricht vieles dafür, dass die Theorie einer impliziten Ordnung und eines aktiven Informationsfeldes, wie es schon der Quantenphysiker David Bohm beschrieben hat, über das nicht nur wir Menschen, sondern alle Lebewesen miteinander verbunden sind, dieses vorausschauende Verhalten von Tieren erklären könnte. Denn so wie wir über vier Stunden vor den Terroranschlägen des 11. September 2001 weltweit Anomalien mit unseren Messgeräten feststellen konnten, so verfügen anscheinend auch Tiere über eine gleichartige Fähigkeit, Ereignisse vorauszuahnen.

Immer wieder wurde versucht, sich diese Fähigkeit der Tiere zu eigen zu machen. Bereits Anfang der 1970er-Jahre verteilte die chinesische Regierung Informationen und Anweisungen, welches Verhalten von Tieren Bauern unverzüglich den Behörden melden sollten. Dem könnten intensive geheime Untersuchungen und Forschungen chinesischer Wissenschaftler vorangegangen sein.

Im Februar 1975 schienen diese Bemühungen erstmals von Erfolg gekrönt zu sein. In der nordostchinesischen Stadt Haicheng, die zur Provinz Liaoning gehört, beobachteten Bauern, wie Schlangen aus dem Winterschlaf erwachten, ans Tageslicht krochen und auf den Straßen erfroren. Sie informierten die Behörden und die heute 1,1 Millionen Einwohner zählende Stadt wurde einfach evakuiert. Kurz darauf machte ein Erdbeben der Stärke 7,3 auf der Richterskala die Stadt dem Erdboden gleich. Nur vier Menschen kamen dabei ums Leben.

Beim Erdbeben 1976 in der chinesischen Industriestadt Tangshan scheiterte das Vorhersagemodell, über 650.000 Menschen starben. Zwar spielten auch dort Tiere verrückt, aber die Berichte drangen nicht bis zu den politischen Entscheidungsträgern durch.

Kann ICARUS das Rätsel lösen?

Am 13. Februar 2018 erfolgte der Start zur Erforschung dieses Phänomens aus dem All. Ein wissenschaftliches Forscherteam unter der Leitung von Martin Wikelski vom Max-Planck-Institut für Ornithologie in Radolfzell und der Universität Konstanz soll unter dem Namen ICARUS (*International Cooperation for Animal Research Using Space*) ein Frühwarnsystem entwickeln, indem die Sinnesleistungen vieler Tiere – der »sechste Sinn« – erforscht und für den Menschen nutzbar gemacht werden.

Bereits im Oktober 2017 brachte eine Sojus-Progress-Rakete den Bordcomputer für ICARUS zur internationalen Raumstation ISS, nun folgten im Februar 2018 die Antennen. Mit ICARUS können Wissenschaftler erstmals tausende von Tieren auf ihren Reisen rund um den Globus beobachten – und das über Monate und Jahre hinweg, rund um die Uhr. 150 Forschungsprojekte warten darauf, von den neuen Möglichkeiten Gebrauch zu machen.

»Wenn die Tiere verrücktspielen, lauf weg vom Meer und geh ins Hochland«, singen indonesische Kinder schon seit Jahrhunderten in einem Kinderlied. In unserer heutigen technikbasierten Gesellschaft blieben diese Warnsignale lange unbeachtet. Das soll sich nun ändern.

ICARUS soll die Voraussetzungen für ein Frühwarnsystem mit Tieren schaffen: »In zehn Jahren werden wir wissen, welche Tiere globale Ereignisse wie Naturkatastrophen vorhersagen können«, so ICARUS-Leiter Wikelski. »Wenn wir diese Fähigkeiten hieb- und stichfest belegen können, würde dies in Zukunft hunderttausenden Menschen das Leben retten. Die Informationen, die die modernen Minisender tausendfach aufzeichnen, werden uns sagen, ob Tiersensoren als Teil eines Frühwarnsystems geeignet sind und wenn ja, welche.«[23] Eine zuverlässigere Vorhersage von Erdbeben, Vulkanausbrüchen oder Wirbelstürmen – ICARUS soll das Wissen der Tiere für uns Menschen nutzbar machen.

Allerdings: ICARUS kann nur die Präzision der Vorhersagen von Tieren aufgrund der Analyse ihres Verhaltens messen – nicht aber die Ursache für ihre Fähigkeiten entschlüsseln. Auf diese wichtige fundamentale Frage wird auch ICARUS keine Antwort geben können.

Als wir die Daten zu den Terrorattacken am 11. September 2001 veröffentlichten, forderten viele Menschen etwas Vergleichbares wie ICARUS, aber für Terrorangriffe. Das GCP solle ein eigenes Frühwarnsystem einrichten. Es ist einfach, sich eine solche Anwendung vorzustellen, doch das Einzige, was wir tatsächlich feststellen könnten ist: Irgendetwas Großes wird passieren. Wir würden nicht wissen, ob es etwas Gutes oder Schlechtes ist, auch nicht genau wann oder wo es passieren wird.

Trotzdem ist ICARUS ein wichtiger Puzzlestein auf dem Weg, die Fähigkeiten von Tieren zu entschlüsseln. Wikelski und sein Team vom Max-Planck-Institut haben in diesem Bereich bereits jede Menge Erfahrung.

So statteten sie rund um den Ätna lebende Ziegen mit Sendern aus, zeichneten mehrere Jahre lang ihre Bewegungen auf und glichen im Nachhinein das Bewegungsprofil der Tiere mit der vulkanischen Aktivität ab. Am 4. Januar 2012 um 22:20 Uhr begann der Vesuv große Mengen Lava und Asche in die Luft zu schleudern. Bereits sechs Stunden zuvor hatten die Forscher eine außergewöhnliche Aktivität der Ziegen gemessen. In der zwei Jahre dauernden Studie konnten Wikelski und sein Team insgesamt sieben größere Ausbrüche anhand ihrer Daten im Nachhinein »vorhersagen«.

Forscher haben auch das Verhalten von Erdkröten nahe der italienischen Stadt L'Aquila analysiert. Im April 2009 war es dort zu einem schweren Erdbeben gekommen. Die Analysen zeigen, dass sich die Amphibien schon fünf Tage vor dem Beben ungewöhnlich verhielten und ihr Laichverhalten einstellten.

Doch nicht nur bei Naturkatastrophen wie Erdbeben scheinen Tiere über Sinne zu verfügen, die wir nicht erklären können.

Unser Bewusstsein ist mit dem der Tiere verbunden

Trauernde Hunde, intelligente Delfine, Elefanten, die ein Kind retten: Haben Tiere ein Bewusstsein? Die Sprache – oder ihr Fehlen – kann nicht das einzige Kriterium für die Existenz von Bewusstsein sein.

In der *Cambridge Declaration on Consciousness* haben führende Neurowissenschaftler, Psychiater, Neurophysiologen und Experten klar festgehalten: »Übereinstimmende Beweise deuten darauf hin, dass Tiere über die neuroanatomischen, neurochemischen und neurophysiologischen Substrate des Bewusstseins sowie die Fähigkeit zu intentionalem Verhalten verfügen. Daraus folgt, dass neuronale Substrate und das durch diese erzeugte Bewusstsein keine Alleinstellungsmerkmale des Menschen sind. Tiere, darunter Säugetiere, Vögel und viele weitere Lebewesen wie beispielsweise Oktopusse, verfügen ebenso über neuronale Substrate.«

Das bedeutet: Auch Tiere haben ein Bewusstsein.

Die wichtige, wegweisende Erklärung wurde im Original vom mehrfach ausgezeichneten Gehirnforscher Philip

Low von der *Stanford School of Medicine* und dem *MIT Media Lab* verfasst und von Wissenschaftlern wie Professor Jaak Panksepp von der *Bowling Green State University*, Ohio, Professor Diana Reiss vom *Hunter College*, New York, und Bruno van Swinderen von der *University of Queensland*, Australien, ausformuliert. Die Erklärung wurde am 7. Juli 2012 auf der *Francis Crick Memorial Conference on Consciousness in Human and Non-Human Animals* an der *University of Cambridge* verkündet und am Abend desselben Tages im Beisein von Stephen Hawking von allen Konferenzteilnehmern unterzeichnet.[24]

Damit wurde erstmals erklärt, dass es sich bei Tieren um empfindungsfähige Lebewesen handelt, die Erlebnisse bewusst erfahren und als positiv oder negativ empfinden. Ein Meilenstein, was die Wahrnehmung und Beurteilung von Tieren in unserer digitalen Welt betrifft.

Wie weiß mein Hund, wann ich nach Hause komme?

Hundebesitzer kennen das Phänomen zur Genüge. Ihr Hund sitzt stundenlang regungslos in seinem Korb, bis er ohne jede Vorwarnung aufspringt und zur Eingangstür läuft. Minutenlang passiert nichts, dann öffnet sich die Tür und eine vertraute Person betritt den Raum. Zum Zeitpunkt als der Hund Richtung Eingangstür lief, war diese Person aber noch kilometerweit entfernt und saß in ihrem Auto. Faktum ist: Er konnte sie nicht kommen hören, sehen oder durch sonstige normale Sinneswahrnehmungen erwarten.

Warum weiß der Hund trotzdem, wann jemand Vertrautes kommt? Wieso kann ein Tier ein Ereignis vorausahnen, das erst später tatsächlich eintreten wird?

Der Biologe Rupert Sheldrake hat über dieses Phänomen ein ganzes Buch verfasst: *Der siebte Sinn der Tiere*. Sheldrake lehrte an der *University of Cambridge* Biochemie und Zellbiologie und entwickelte die Theorie der morphischen Felder, die als formbildende Ursache für die Entwicklung von Strukturen sowohl in der Physik, Chemie, Biologie, aber auch in der Gesellschaft verantwortlich sein sollen. Sheldrake geht von der Existenz eines universellen Feldes aus, das das Grundmuster eines biologischen Systems kodieren soll. Das von Sheldrake postulierte Gedankenmodell, dass Formen von selbstorganisierenden Systemen durch morphische Felder ausgeprägt werden, ordnet somit Atome, Moleküle, Zellen, Gewebe, Organe, soziale Gemeinschaften, Ökosysteme, selbst Planetensysteme, Sonnensysteme und Galaxien. Anders ausgedrückt: Die morphischen Felder ordnen Systeme auf allen Stufen der Komplexität und sind die Grundlage für die Ganzheit, die wir in der Natur beobachten und die mehr ist als die Summe ihrer Teile. Sheldrake geht daher davon aus, dass Tiere und Menschen über ein morphisches Feld weltweit miteinander in Verbindung stehen. Sie hätten ebenso wie Menschen telepathische Fähigkeiten.

Seine Theorien werden von Interessierten auf der ganzen Welt begeistert angenommen, von manchem Wissenschaftler aber mit starker Skepsis bedacht, weil sie nicht ins gängige materialistische Weltbild passen.

Dabei hält sich Sheldrake an die wissenschaftlichen Spielregeln: Hypothesen müssen in kontrollierten Experimenten überprüft werden. Genau das tut er – mit erstaunlichen Ergebnissen. So hat der Brite zum Beispiel das Verhalten eines Terriers namens Jaytee in Manchester dokumentiert: Er lief stets dann zum Wohnzimmerfenster, wenn sein Frauchen Pamela Smart auf dem Weg nach Hause war, auch dann, wenn sie zu ungewohnter Uhrzeit heimkam und sich noch außerhalb jeder Sinneswahrnehmung wie Hören und Sehen befand. Die statistische Auswertung von rund 100 Videoaufzeichnungen des Hundes veröffentlichte er als Studie im *Journal of Scientific Exploration*.[26]

Sie verwenden eine unterschiedliche Art der Formulierung, aber Rupert Sheldrakes Idee erinnert mich an Ervin Lászlós Beschreibung der fundamentalen Rolle, die das Bewusstsein im Kosmos spielt. Die Verbindung Mensch-Tier durch ein Feld ist ein Ansatz, der auch meinen Theorien nicht fremd ist. Aber ich bin überzeugt, dass es eine Verbindung auf einer Bewusstseinsebene ist, die nicht nur Menschen, sondern Lebewesen generell und damit auch Mensch und Tier miteinander verbindet.

Damit kann auch Rupert Sheldrake etwas anfangen: »Die Evolution des Kosmos könnte einen Zweck oder ein Ziel haben – und der Kosmos ein Bewusstsein.«

DAS DIGITALE BEWUSSTSEIN

Kann Bewusstsein künstlich erzeugt werden?

**Wie Google und Co. versuchen,
unseren Geist in einer Cloud zu speichern**

Er saß auf einem dunklen Holzstuhl auf einer kleinen Büh-
ne beim *Council on Foreign Relations* in Washington, D.C.,
die braun-grau-gestreifte Krawatte korrekt gebunden, am
Revers seines schwarzen Sakkos eine schillernde Ansteck-
nadel, und wählte seine Worte mit Bedacht: »2045 wird es
soweit sein, die Singularität wird Wirklichkeit. Schon früher wird der Moment kommen, wo künstliche Intelligenz
das menschliche Level erreicht. Ich rechne damit in maximal zwölf Jahren. Künstliche Intelligenz wird uns smarter
machen.«

Es war der 3. November 2017, und Raymond Kurzweil
wirkte so überzeugend wie immer, wenn er in einem
One-on-one-Interview vor Publikum über sein Lieblingsthe-
ma spricht: Die Zukunft der Technologie und unserer Welt,
die sich radikal verändern wird. Denn er wird einer der dafür Verantwortlichen sein.

Kurzweil ist Futurist, Erfinder, Director of Engineering
bei Google und einer der brillantesten Vordenker des Si-

licon Valley. Im Februar 2018 gerade siebzig Jahre alt geworden, wurde er bisher mit 19 Ehrendoktoraten ausgezeichnet, erfand den Flachbettscanner, den Sprachsynthesizer und hält zahlreiche Patente. Er ist überzeugt, dass in absehbarer Zukunft Computer alles besser können werden, was heute noch Menschen auszeichnet. Diesen Zustand nennt man Singularität. Jenen Moment, in dem einem Urknall gleich die Menschheit auf die nächste Evolutionsstufe katapultiert wird.

Da die Entwicklung von Technologie exponentiell wächst, wird in diesem Moment alles technisch möglich werden, was wir uns heute nicht einmal in den kühnsten Science-Fiction-Szenarios ausmalen. Die künstliche Intelligenz wird uns überholen und sich rasant selbst optimieren, Maschinen werden schneller, präziser und in ganz anderen Dimensionen denken und handeln können als Menschen, die Welt wird mit einem Mal zu einer völlig anderen werden. Eine Superintelligenz wird entstehen mit exponentiell mehr Rechenleistung als das menschliche Gehirn und sie wird sich ständig selbst verbessern in einem Ausmaß, dass Menschen diesem technologischen Quantensprung mit ihrem Verstand nicht mehr folgen können. Nur durch Computer-Gehirn-Schnittstellen könnte dann die menschliche Leistungsfähigkeit noch erhöht werden, die zu einem verbesserten Gedächtnis, umfangreicherem Wissen oder größerer Rechenkapazität unseres Gehirns führt. Aber selbst das wird viel zu wenig sein, um mit den Maschinen mithalten zu können.

Der amerikanische Mathematiker Vernor Vinge prägte in den 1980er-Jahren den Begriff Singularität, um zu postulieren, dass wir übermenschliche Intelligenz schaffen, womit die Ära des Menschen wenig später beendet sein wird. Davon ist Vinge überzeugt. Es käme unweigerlich zu einer Intelligenzexplosion.

2001 stellt Raymond Kurzweil die These auf, dass der technologische Wandel so schnell verläuft, dass er »einen Bruch in der Struktur der Geschichte der Menschheit darstellen« wird.

Kurzweil ist Transhumanist. Er ist davon überzeugt, dass die Grenzen menschlicher Möglichkeiten, seien sie intellektuell, physisch oder psychisch, durch den Einsatz von Technologie in ungeahnte Dimensionen erweitert werden können. Die entstehende Superintelligenz würde ein Verständnis der Wirklichkeit erwerben, das jede Vorstellungskraft sprengt. Seine Auswirkungen könnten vom menschlichen Bewusstsein zu keinem Zeitpunkt mehr erfasst werden, weil sie von einer Intelligenz bestimmt würden, die der menschlichen immerwährend überlegen wäre. Die Evolution wird so aus dem Bereich der Biologie in den der Technik wechseln, die übermenschliche Wesen erschafft.

»Man darf eines nicht vergessen«, sagt Kurzweil, der eigentlich bereits im Rentenalter ist, aber sich täglich Dutzende Tabletten einwirft, Vitamine, Mineralien, Enzyme, um seinen Alterungsprozess zu verzögern: »Künstliche Intelligenz ermöglicht uns einen völlig neuen Umgang mit tödlichen Krankheiten, Armut, Hunger, Klimawandel. Wir werden die großen Probleme unserer Welt dadurch effizient lösen können.«

In solchen Momenten wirkt Kurzweil wie ein dynamischer Mittfünfziger, eloquent, agil und überzeugend. Er will biologisch jung bleiben, zumindest solange bis die Medizin menschliches Leben signifikant verlängern kann. Davon sind wir nicht mehr weit entfernt. Auf der ganzen Welt arbeiten Unternehmen und Forschungseinrichtungen an Methoden, um den Alterungsprozess zu stoppen oder zu verzögern: von Nir Barzilai, der am *Albert Einstein College of Medicine* in New York die Pille gegen das Altern entwickelt, bis zu Hans Clevers, der am *Hubrecht Institute* im niederländischen Utrecht aus Stammzellen menschliche Organe im Labor baut, Organoide genannt. Und auch Kurzweils Arbeitgeber Google investiert hunderte Millionen Euro in den Kampf gegen das Altern und den Krebs.

»Ich bin ein Optimist, sonst hätte ich nicht Entrepreneur werden können«, sagt Kurzweil. »Aber es wird neue existenzielle Risiken für die Menschheit geben. Diese neuen Technologien sind gewaltig und mächtig, und ich mache mir durchaus Sorgen deshalb. Der Zweite Weltkrieg, bei dem 15 Millionen Menschen starben, wurde durch die Macht der Technologie dieser Zeit möglich. Es gibt einen generellen Pessimismus, dass Dinge schlechter werden. Aber wir haben derzeit die friedvollste Zeit in der Geschichte der Menschheit.«

Welchen Ratschlag gibt er Menschen, auch in Hinblick auf die Zukunft vieler Berufe, die durch künstliche Intelligenz verloren gehen? Eine Studie der *University of Oxford* geht davon aus, dass es 47 Prozent aller Jobs aufgrund der Digitalisierung in den nächsten beiden Jahrzehnten nicht mehr geben wird.

»Folge deiner Leidenschaft!«, sagt Kurzweil und lächelt. »Es gibt Bereiche, die von künstlicher Intelligenz nicht beeinflusst werden. Mein Vater hatte eine Leidenschaft für Musik. Vor zwei Millionen Jahren vergrößerte sich der Neocortex *(Anmerkung: der multisensorische Teil der Großhirnrinde, der auch für Sinneseindrücke verantwortlich ist)* und das war jener Faktor, der uns ermöglichte, Musik zu erfinden. Jede menschliche Kultur, die wir jemals entdeckt haben, hatte Musik. Der Mensch entwickelte diese zusätzlichen Neocortex-Sprachen: Kunst, Wissenschaft, Musik, Technologie. Wir simulieren den Neocortex in der Cloud und erzeugen neue Formen der Kommunikation. Künstliche Intelligenz wird uns nicht ersetzen, sie wird uns erhöhen.«

Das Zeitalter spiritueller Maschinen: »Wir werden Gott immer ähnlicher«

Das wichtigste Ziel, das Ray Kurzweil verwirklichen möchte, ist das menschliche Bewusstsein in die Cloud zu bringen. Kann so etwas jemals möglich sein? »Es wird ein Zeitalter spiritueller Maschinen kommen«, ist der Futurist überzeugt. »Wir sind jene Art, die sich selbst verändern kann und damit auch wer wir sind. Das begann vor zwei Millionen Jahren mit diesem zusätzlichen Neocortex. Die ganze

Entwicklung künstlicher Intelligenz ist ein spiritueller Prozess.«

»Was sehen wir, wenn wir die biologische und technologische Evolution miteinander vergleichen: die biologische dauerte Millionen Jahre, in der Technologie haben wir einen Paradigmenwechsel in extrem kurzer Zeit. Was passierte mit Wesen im Laufe der Evolution: Sie wurden komplexer, sie wurden klüger, sie wurden kreativer. Wenn wir beobachten wie Gott in verschiedenen Religionen beschrieben wurde, und ich selbst wuchs in einer unitarischen religiösen Bewegung auf *(Anmerkung: eine christliche Bewegung, die nicht an die Dreifaltigkeit Gottes glaubt)*, dann als Vorbild, als unendlich – in was? In Weisheit und Wissen, unendlich intelligent, unendlich kreativ, unendlich liebend. Wir verbessern also diese Eigenschaften in einem exponentiellen Verhältnis durch einen evolutionären Prozess, nicht ins Unendliche, aber explosionsartig. Wir werden niemals Gott sein – aber wir werden Gott immer ähnlicher«, sagt Kurzweil.

Nachsatz: »Die Evolution ist also ein spiritueller Prozess, der uns immer näher zu Gott bringt.«

Ein ohne Zweifel gewagter theoretischer Ansatz. Und Aussagen, die man einem Futuristen, dessen Glaube an die Technologie und an ein materialistisches Weltbild unerschütterlich ist, nicht unbedingt abnimmt.

Wer ist bewusst und
was ist Bewusstsein?

Doch Ray Kurzweil geht noch weiter: »Was ist spirituell? Es ist ein Begriff für Bewusstsein. Unser Verständnis für Werte zeigt, dass Bewusstsein unser kostbarstes Gut ist. Die wesentliche Frage ist also: Wer ist bewusst und was ist Bewusstsein? Das wird auch die wesentliche Frage sein, wenn es um künstliche Intelligenz geht.«

Und er skizziert ein Szenario der Zukunft, das eher Skepsis nährt als Freude: »Wir werden mit der Technologie verschmelzen, was wir jetzt schon in einem bestimmten Ausmaß tun, wenn beispielsweise in Zukunft medizinische Nanoroboter durch unser Gehirn fahren werden, um unseren Neocortex mit der Cloud zu verbinden. Nehmen Sie Ihr Smartphone: Es ist heute eine Milliarde Mal leistungsstärker als jene Computer, die wir hatten, als ich am MIT *(Anmerkung: Massachusetts Institute of Technology)* studierte, und es wird nochmals exponentiell leistungsstärker, wenn es sich mit einer Milliarde Computer in der Cloud verbindet. Wir können die Verbindung noch nicht direkt von unserem Neocortex im Gehirn herstellen, wir machen es derzeit indirekt durch Geräte wie Smartphones, aber 2030 wird es direkt vom Gehirn aus möglich sein. Es wird also etwas so Einzigartiges passieren wie vor zwei Millionen Jahren, als wir den Neocortex bekamen. Anders als damals wird es nicht ein einmaliger Sprung sein. Die Cloud ist pure Informationstechnologie, sie wird nicht limitiert von einem knöchernen Schädel wie bei unserem Gehirn, der nicht wachsen darf, weil sonst die Geburt nicht mehr möglich wäre. Wir werden mehr und mehr anorganisch, also nicht biologisch werden.«

Verlieren wir dadurch nicht unsere Menschlichkeit? »Nur wenn man Menschlichkeit als rein biologisch definiert, was wir schon jetzt nicht mehr sind.«

Müssen wir also Angst vor der Zukunft haben? Kurzweil: »Das Unbekannte ist immer angsteinflößend. Drehen wir das Rad der Zeit um nur 200 Jahre zurück, so gab es Krankheiten, aber keine Antibiotika, eine kleine Infektion konnte tödlich enden. Im Jahr 1800 war die Lebenserwartung 37 Jahre, vor 1.000 Jahren lag sie bei 19 Jahren. Nicht einmal Kaiser und Könige hatten vor 200 Jahren Annehmlichkeiten, die heute selbst arme Menschen haben: eine Klospülung, Eiskasten, TV, Computer.«

Das Bewusstsein in der Cloud

Was bedeuten diese gewaltigen technologischen Quantensprünge für uns Menschen und unser Bewusstsein? Kann es in Zukunft tatsächlich möglich sein, das Bewusstsein in einer Cloud zu speichern? Ja, das denke ich. Aber es wird wohl noch deutlich länger dauern, als Ray Kurzweil und andere Futuristen erwarten. Trotz aller optimistischen Prognosen ist künstliche Intelligenz heute noch weit davon entfernt, so kreativ oder lebensnah zu sein, wie wir Menschen es tatsächlich sind.

Ich verstehe jedoch nicht die Sorgen, die Persönlichkeiten wie Tesla- und SpaceX-Gründer Elon Musk oder Astrophysiker Stephen Hawking formulieren, die überzeugt sind, künstliche Intelligenz wird uns Menschen vernichten. Wir Menschen haben die Fähigkeit zur Selbstreflexion und projizieren in diesem Fall vielleicht unseren eigenen Charakter in jenen einer zukünftigen künstlichen Intelligenz.

Warum sollte sie uns Menschen loswerden wollen? Vielleicht weil wir eine Gefahr für den Planeten Erde sind? Künstliche Intelligenz mag vielleicht den besten Weg für das Universum ergründen: Vernichte diese gefährlichen Kreaturen namens Menschen, bevor sie das ganze Universum mit ihren schrecklichen Neigungen infizieren! Keine Sorge, das ist scherzhaft gemeint. Man kann jedoch einer Gefahr nicht entkommen, wenn alle Anzeichen und Warnungen ignoriert werden. Wir müssen ihr Aufmerksamkeit widmen.

Ein Freund von mir, Ben Goertzel, leitet die *Artificial General Intelligence Society*. Die Idee dahinter ist nicht einen schnelleren oder mächtigeren Computer zu entwickeln, sondern eine menschlichere künstliche Intelligenz, die fähig ist, Emotionen ebenso zu verstehen wie guten Humor. Der Rahmen dafür ist schon weit fortgeschritten. Es gibt also auch Ansätze, die das Menschliche in den Mittelpunkt stellen.

Generell spricht nichts dagegen, dass Computer eines Tages Bewusstsein erzeugen können. Doch um das zu bewerkstelligen, müssen wir zunächst verstehen, was Bewusstsein überhaupt ist. Es gibt weltweit keine einzige seriöse, finanziell entsprechend ausgestattete Forschungseinrichtung mit dem Ziel zu ergründen, wie Bewusstsein entsteht. Es fehlen dazu schlichtweg die finanziellen Mittel, um jene kreativen Denkweisen zu fördern und zu unterstützen, die nötig sind, um diese schwierige Frage zu beantworten. Es werden hunderte Millionen Euro für die Erforschung einzelner Gene ausgegeben, aber niemand finanziert im großen Stil die Erforschung unseres Bewusstseins.

Das digitale Umfeld für Bewusstsein

Kann man ein digitales Umfeld kreieren, in dem sich Bewusstsein ausdrücken kann? Manche Wissenschaftler, die eine materialistische Sicht der Welt vertreten mit der Annahme, dass Geist und Gehirn ident sind, denken ja. Es müsste in diesem Fall so strukturiert sein, dass man Entscheidungen aufgrund von Erfahrungen treffen könnte. Diese Entscheidungen dürfen nicht durch Algorithmen festgelegt sein. Durch das Erleben des Umfelds sammelt das System neue Erfahrungen, und es muss in der Lage sein, Annahmen auch autark zu verwerfen. Es müssten Prozesse möglich sein, die die Erfahrung bewerten. Das System muss ein Ziel verfolgen und Kriterien beinhalten, nach denen das System entscheidet, was gut und schlecht ist.

In der Biologie ist dieses Ziel die Fortpflanzung und das eigene Überleben. In einem Informationssystem besteht das Ziel in der Verringerung der Entropie, der Tendenz in einer unbelebten Welt zu immer größerer Unordnung. Es geht darum, die Dinge in einer Weise zu verändern, dass sie dadurch an Bedeutung gewinnen. Das könnte wohl simuliert werden, denn wenn man das entsprechende Umfeld schafft, könnte sich Bewusstsein entwickeln, was jedoch spekulativ ist. Trotzdem ist es eine der wichtigsten Stoßrichtungen bei der Entwicklung künstlicher Intelligenz.

Der Versuch einfach Bewusstsein in ein System zu programmieren, muss jedoch scheitern, weil es durch die programmierten Algorithmen limitiert wäre. Man hätte so ein rein deterministisches System erzeugt, das einfach den vorgegebenen Programmen folgt, Code für Code abarbeitet und auf eine Situation immer dieselbe Reaktion zeigt. Das wäre zu wenig.

Die ersten Systeme, die tatsächliches Bewusstsein schaffen sollen, sind längst in Entwicklung. Sie entsprechen aber eher der Form des Bewusstseins einer Biene oder einer Kakerlake, nicht der komplexen eines Menschen. Das System trifft Entscheidungen und verändert sich. Bewusst im Sinne einer Biene oder einer Kakerlake bedeutet, dass sie empfindungsfähig sind und freie Entscheidungen treffen können. Wenn man sie berührt, reagieren sie darauf, und nicht nur, weil bestimmte Neuronen in ihrem Gehirn aktiviert werden. Sie haben einen Entscheidungsspielraum, was ihre Reaktionen betrifft.

Freier Wille bedeutet, dass es einen Raum möglicher Entscheidungen gibt, wo das System eine auswählen kann. Dieser Raum beinhaltet nur all jene Möglichkeiten, über die man sich bewusst ist. Man kann auf diesem Weg freien Willen »programmieren«, indem man ein System entwickelt, das mehrere Auswahlmöglichkeiten beinhaltet und von dem es eine, basierend auf eigenen Erfahrungen, frei auswählen kann.

Nur: Wer wählt diese aus?

DER WELT-GEIST

Das Band, das uns alle verbindet

Achten Sie auf Ihre Intuition

Wir leben in einer Zeit des Wandels, wie ihn die Menschheit nie zuvor erlebt hat. Während die Technologie unser Leben in einem Ausmaß verändert, das noch vor zwei Jahrzehnten unvorstellbar gewesen wäre, verändert sich auch unser Verständnis für die Welt und uns selbst als Teil von ihr.

Wir lösen uns immer mehr von dem, was offensichtlich nur eine temporäre Phase der Evolution war: die rein mechanistische Erklärung der Welt. Wir kehren zurück zu holistischen Konzepten, wie es sie in der Vergangenheit der Menschheitsgeschichte in vielen Völkern und Kulturen bereits gegeben hat. Die Welt ist mehr als nur Materie, die den Weltraum – den ewigen mechanistischen Gesetzen folgend – durchschreitet. Nicht einmal Sir Isaac Newton selbst, dem wir diese mechanistische und mathematisch-fundierte Sichtweise verdanken, glaubte ausschließlich daran. Er war eine zutiefst mystische Persönlichkeit.

»Er glaubte, dass Materie und Masse keine toten Dinge sind«, so Club of Budapest-Gründer Ervin László, »sondern das Fundament eines sehr lebendigen, dynamischen Universums.«

Der erste Schritt wie jeder von uns diese neuen Erkenntnisse als Teil seines Lebens akzeptieren kann, ist sich seiner eigenen Intuition bewusst zu werden, seinem tieferen Bewusstsein. »Wir alle haben diese Weisheit in uns«, weiß Ervin László. »Und es gibt eine fundamentale Verbindung zwischen uns allen.«

Wenn unsere Erfahrung durch das begrenzt ist, was wir mit unseren Augen und Ohren wahrnehmen, dann ist Bewusstsein nicht fundamental. Aber wenn unsere Erkenntnis der Welt hinter der sensorischen Natur, hinter unseren Sinneswahrnehmungen liegt, dann ist es wahrscheinlich, dass dieses Mehr etwas ist, das in den großen Weisheitslehren beschrieben wurde und heute in den Quantenwissenschaften. Wenn Sie also an die Weisheiten der alten Kulturen glauben, wenn Sie überzeugt sind, dass die Wissenschaft einen wichtigen Beitrag zum Verständnis der Welt leisten kann, aber nicht alles ist, dann kommen Sie unweigerlich zu dem Schluss, dass unsere unmittelbaren Sinneserfahrungen nicht die Gesamtheit unserer Erkenntnis ausmachen.

Die moderne Wissenschaft richtet ihre Aufmerksamkeit immer häufiger auf Verbindungen, die schon in allen Kulturen und Religionen vor tausenden von Jahren erkannt worden sind. Die Menschheit hat in der Vergangenheit immer schon verstanden, dass wir alle miteinander verbunden sind, bis uns das materialistische Paradigma für einige Jahrhunderte eine andere Sicht der Dinge aufdrängte.

Wenn wir uns die großen Probleme unserer Zeit ansehen, dann sind das weitere Beweise dafür, dass dieses materialistische Konzept der Welt nicht mehr funktioniert und auch nicht mehr zeitgemäß ist.

Was wir von den antiken Weisheiten lernen können

Die Wissenschaft versucht seit rund 150 Jahren herauszufinden, ob Phänomene wie die Vorhersage von Ereignissen, die noch nicht eingetreten sind, real sind und wenn sie real sind, welche Faktoren darauf Einfluss haben. Letztlich geht es darum Theorien zu entwickeln, die diese und andere Phänomene wissenschaftlich erklären können.

In fast der gesamten altertümlichen Weisheitslehre geht es um solche Thematiken. Wer die vedischen Schriften studiert, kann verschiede Passagen der Veden der Relativitätstheorie oder der Quantenmechanik zuordnen. Es wird daher immer mehr zu einem Aufeinandertreffen der antiken Weisheiten mit der modernen Wissenschaft kommen. Es gibt Schriften, die teilweise bis zu 6.000 Jahre alt sind und die Erkenntnisse enthalten, wie man leben soll, die heute mehr denn je wahr und richtig erscheinen. Wahr in jenem Sinne, dass man spürt, dass sie stimmen. Es geht dabei nicht um wissenschaftlich fundierte Fakten, sondern um Intuition.

Früher bestimmte die Kirche, was Wahrheit ist

Die Wissenschaft war in der langfristigen historischen Entwicklung selten in einer Führungsrolle. Kirchen, Glaubensgemeinschaften und Herrscher gaben vor, was Wahrheit ist. Wenn wir in den heutigen Entwicklungsprozess altertümliche Weisheiten einfließen lassen, haben wir die Chance, uns tatsächlich weiterzuentwickeln.

Die Menschheit befindet sich zwischen zwei Extremen: Einerseits dem Glauben, selbst der einzige Verkünder der Wahrheit zu sein und anderseits sich zu sehr ins andere Extrem des globalen Chaos zu entwickeln, wo es nur noch um Macht und Überlebenskampf geht. Wir befinden uns auf einem sehr fragilen Mittelweg zwischen beidem. Der Ausgang hängt davon ab, ob Weisheit – sei es altertümliche oder auch moderne – schnell genug an Einfluss gewinnt. Wir brauchen Weisheit und Wissen um das große Ganze, um uns nicht selbst als Spezies zu gefährden.

Früher waren es die Religionen, die Priester, die den Menschen vorgaben, was sie glauben sollten, was wahr ist und wie die Welt funktioniert. Heute sind es Wissenschaftler, die uns die Sicht der Welt erklären. Um alte Weisheiten in die Wissenschaft zu bringen, muss man einen Weg finden, diese Weisheiten durch Logik zu interpretieren. Dann werden wir erkennen, dass die Aussagen Buddhas oder der Veden nicht im Widerspruch zur modernen Wissenschaft stehen.

Wir leben in einem System, das sich versucht erfolgreich weiterzuentwickeln, und wir Menschen sind Teil dieses Systems. Es gibt Theorien, dass sich Synchronizitäten deshalb ereignen, weil das größere Bewusstseinssystem uns zum genau richtigen Zeitpunkt mit jener Lebenserfahrung konfrontiert, die die persönliche Weiterentwicklung am besten ermöglicht.

Menschen, die im Hier und Jetzt leben, erleben häufig, dass in ihrem Leben genau das Richtige zu passieren scheint. Es gibt viele dokumentierte Fälle und Erfahrungsberichte, dass zum Beispiel Menschen mit absoluter Sicherheit spüren, wenn ihr Kind gerade in einem ganz anderen Teil der Welt einen Unfall hatte. Und später stellt sich heraus, dass ihr Gefühl richtig war. Es gibt also etwas Größeres als unsere rein physische Realität.

Design durch Zufall?

Durch groß angelegte Feldstudien konnten wir ein Gruppenbewusstsein auch abseits der großen globalen Masse nachweisen. Die methodisch abgesicherten empirischen Untersuchungen zeigten vor allem eines: Jeder Mensch ist Sender und Empfänger zugleich.

Unser Denken – ob positiv oder negativ – beeinflusst andere. Intuition kann der methodische Schlüssel für Entscheidungen sein, die jenseits des Rationalen für uns wesentlich sind.

Welche Rolle spielt der Zufall dabei? Ist da mehr als persönliche Intuition? Viele Menschen erleben Zufälle, die keine zu sein scheinen und unser Leben in eine bestimmte Richtung lenken. Bei mir war das nicht anders:

- Mein frühes Interesse an Yoga, Meditation und Kampfsport führte mich zufällig zur Psi-Forschung.
- Ich ging an die *Princeton University* und begann am PEAR zu forschen, weil ich zufällig eine Anzeige in der Zeitung las.
- Skepsis machte aus mir einen guten Wissenschaftler und durch Zufall war genau das am PEAR gefragt.
- Buddhistische Mönche riefen ein Sangha, eine Gemeinschaft von Mönchen, für mich ins Leben, was mich zufällig zum Gruppenbewusstsein brachte.
- Feldstudien zum Gruppenbewusstsein führten mich durch Zufall direkt zum globalen Bewusstsein.
- Viele Zufälle führten dazu, dass mein Sohn Greg die Softwarearchitektur des *Global Consciousness Project* entwickelte.
- Auf der Suche nach einem GCP-Symbol traf ich zufällig auf John Walker (nicht auf den Alkohol, sondern den Forscher und Gründer des Großkonzerns Autodesk), der für das gesamte Projekt hilfreich war.

Ich könnte die Liste ewig lange weiterführen. Das Timing aller dieser Ereignisse scheint wie eine gesteuerte Serie von Zufällen.

Welche Zufälle haben Ihr Leben verändert?

Das Leben in einer virtuellen Welt

Wir glauben nach wie vor, dass wir in einer objektiven Realität leben. Doch selbst Platon enthüllte in seinem Höhlengleichnis, dass wir nur eine Projektion der Welt sehen und es hinter der Projektion noch eine wirkliche Welt gibt.

In unserem vorherrschenden wissenschaftlichen Glaubenssystem sind Phänomene, wie wir sie im PEAR Lab eindeutig nachweisen konnten, eigentlich unmöglich. Was Veränderungen betrifft, ist die Wissenschaft die letzten Jahrhunderte langsam gewesen. Doch durch die Digitalisierung kann es zu einem schnellen Durchbruch wissenschaftlicher Theorien kommen. Alleine im Bereich der Quantenmechanik gelangen wir fast wöchentlich zu neuen Erkenntnissen.

Es kann sein – und das ist eine plausible Theorie –, dass zwei große Paradigmenwechsel auf uns zukommen:

- Die Erkenntnis, dass Realität aus Information besteht, unsere Realität demnach nicht objektiv ist und unsere physische Realität eine Untermenge einer umfassenderen Realität ist, genauso wie es sich bei der Newtonschen Physik um eine Untermenge der Quantenmechanik handelt. Die digitale Physik, ein Spezialbereich der Physik, beginnt mit der Prämisse, dass wir in einer virtuellen Realität leben und das Universum durch Information beschreibbar ist. Diese Theorie beginnt immer mehr ernst genommen zu werden. Damit ließen sich viele Phänomene erklären, mit denen wir auch in Princeton konfrontiert wurden, es ergäbe sich einfach eine logische Konsequenz. Auch die Theorie, dass die Erde eine Kugel und keine Scheibe ist, hat lange gebraucht, um sich durchzusetzen. Trotzdem behandeln wir für kurze Distanzen noch immer die Erde wie eine Scheibe, wenn wir zum Beispiel ein Haus oder ein Einkaufszentrum bauen. Dann sind die Krümmungen einer Kugel irrelevant, und wir arbeiten mit diesem Prinzip sehr gut.

• Manche Menschen und selbst Forscher nehmen an, dass wir in einer Simulation leben. Ich persönlich gehe nicht davon aus. Aber wenn man den Gedanken aufnimmt, muss man sich die Frage stellen: Wer hat das alles programmiert? Daraus ergäbe sich der zweite Paradigmenwechsel, die Erkenntnis, dass Bewusstsein selbst der »Computer« ist, auf dem die Simulation basiert. Damit macht vieles Sinn, auch die Aussage Buddhas, dass alles Illusion ist. Von paranormalen Phänomenen bis hin zur Quantenmechanik, der Relativitätstheorie, rückwärtsgerichtete Kausalität, wie der Placebo-Effekt funktioniert, geistiges Heilen – das alles ergäbe sich von alleine als logische Konsequenz.

Nur: Eine Simulation kann sich nicht selbst berechnen. Es muss also in diesem Fall etwas anderes geben. Dies könnte das Bewusstsein sein. Bewusstsein ist Information. In ihrer einfachsten Form besteht Information aus Einsen und Nullen. Unsere Realität wäre ein auf Bewusstsein basierendes Informationssystem, eine virtuelle Realität – und alles könnte sich sinnvoll zusammenfügen.

Heute glauben wir, Realität sei rein physisch und objektiv. Doch das kann sich ändern, schneller als wir denken.

HABE ICH ÜBERSINNLICHE FÄHIGKEITEN?

Das Do-it-yourself-Experiment

**Testen Sie, ob Sie für übersinnliche
Wahrnehmungen prädestiniert sind**

Die Wissenschaft verfügt über mächtige Tools, um zu ergründen, wie die Welt funktioniert. Das ist besonders wichtig, wenn man Phänomene am Rand der Wissenschaft erforscht. Jede Art von Forschung verlangt Sorgfalt, um ein korrektes Bild zu bekommen, insbesondere dann, wenn man subtile Phänomene wie geistige Effekte oder ein miteinander verbundenes Bewusstsein erforschen will.

Wissenschaftliche Experimente verlangen eine Menge Zeit und Mühe, um glaubwürdige und interpretierbare Resultate zu erzeugen. Trotzdem ist es lohnenswert, einige vereinfachte Varianten komplexer Experimente zu erklären, um damit zu zeigen, wie wir mehr über mentale Fähigkeiten von Menschen erfahren können.

Sie können damit herausfinden, ob Sie selbst prädestiniert für manche der von uns beschriebenen Experimente sind. Die Haltung, die Sie mitbringen sollten, um von solchen Versuchen profitieren zu können, sind Neugier und

Sorgfalt, vor allem aber die Absicht, etwas über sich selbst zu lernen.

Nachfolgend finden Sie einige einfache Versuche, die auf komplexen Experimenten des PEAR Lab an der *Princeton University* basieren. Sie werden damit keine wissenschaftliche Präzision erzielen können, aber die Experimente zeigen, wie solche Studien durchgeführt werden. Sie können überraschende Erfolge erleben, oder auch solche, die reiner Zufall sind. Jedes Ergebnis sollte als Anregung gesehen werden, nicht als ein Beweis, aber Ihre direkte Einbindung wird Ihnen einen wertvollen Einblick in den Prozess geben, vielleicht sogar eine andere Vorstellung der Natur des Geistes.

Ihre Haltung und Einstellung dabei ist entscheidend, sie kann den Unterschied zwischen Erfolg und Enttäuschung ausmachen. Was persönliche Experimente betrifft, um übersinnliche Fähigkeiten zu erforschen, können wir einige allgemeine Empfehlungen geben. Die Forschung zeigt uns, dass Glaube einen Effekt auf das hat, was passieren wird. Sie werden eher positive Resultate erzielen, wenn Sie daran glauben, dass es möglich ist, Informationen durch Fernwahrnehmung oder Telepathie zu erhalten. Wenn Sie die Experimente gemeinsam mit anderen machen, so sollten auch diese eine positive Grundhaltung haben.

Selbst wenn Sie keinerlei Erfahrung damit haben oder sogar starke Vorurteile dagegen, ist es notwendig, unvoreingenommen an die Sache heranzugehen. Sie müssen entspannen können, um zu sehen, was passiert.

1. Fernwahrnehmung

Obwohl Fernwahrnehmungsexperimente auch mit nur einer Person gemacht werden können, sofern es ein Ziel gibt, das man beschreiben kann (indem man zum Beispiel Koordinaten verwendet), ist es doch einfacher, diesen Versuch zu zweit durchzuführen. Einer ist der Sender, den wir am PEAR auch Agent genannt haben und der einen Ort besuchen, eine Szene beschreiben oder auf ein Objekt fokussieren soll. Der andere ist der Empfänger, der wahrnimmt und dessen Aufgabe es ist, den Ort, die Szene oder das Objekt des Senders zu beschreiben und dabei Notizen und Skizzen zu machen.

Machen Sie Ihr Experiment in einem Umfeld, das mentaler und körperlicher Entspannung förderlich ist. Der Empfänger benötigt einen ruhigen Raum mit einem bequemen Stuhl, Couch oder Fauteuil, und Papier, auf dem Sie Notizen machen und Skizzen anfertigen können. Es ist nützlich, die Session mit einigen Minuten Entspannung und sanften Atemübungen zu beginnen. Lassen Sie Stress und Ablenkungen hinter sich.

Die Versuchsanordnung

Bei den PEAR-Experimenten verwendeten wir zwei Methoden, um ein geografisches Ziel auszusuchen: Eine war die Sammlung mehrerer lokaler Orte, von denen wir einen durch Zufallswahl aussuchten, mit Instruktionen für den

Sender (Agenten), der an diesen Ort gehen und dort 15 Minuten verbringen sollte. Er sollte den Ort auf sich wirken lassen, sich umsehen und das in einer entspannten Weise. Der Sender sollte schriftlich eine Beschreibung anfertigen und Fotos für einen späteren Vergleich mit der Beschreibung des Empfängers machen. Die zweite Methode war, wenn der Sender reiste: Er bekam von uns einen genauen Termin mit festgesetzter Zeit für den Versuch, und exakt zu der festgelegten Zeit musste er jenen Ort, an dem er sich gerade befand, in derselben Weise dokumentieren.

Prozess
Die Zeit für den Zielbesuch des Senders wird ausgewählt und dem Empfänger gegeben. Er kann die Fernwahrnehmung zu dieser Zeit machen, aber auch vor oder nach dem Besuch des Senders am Ort. Wir haben eine Bandbreite von einigen wenigen Stunden bis zu einigen Tagen für Wahrnehmungen außerhalb der Zeit festgelegt.

Anleitung
Sender: Planen Sie am zufällig festgesetzten Ort zur zugewiesenen Zeit einzutreffen und verbringen Sie dort zumindest 15 Minuten, indem Sie sich umsehen, am besten mit einer positiven Einstellung, während Sie dabei eine Art Signalstation für Ihren Empfänger sind. Achten Sie auf Details, aber auch auf generelle Eindrücke des Ortes und seiner Umgebung. Nachdem Sie einige Zeit dort waren, machen Sie sich Notizen und Skizzen und dokumentieren Sie die Szene mit Fotos.

Empfänger: Entspannen Sie sich und atmen Sie ruhig, bereiten Sie sich selbst darauf vor, ein Empfänger von Botschaften, von Information zu sein, der sich mit dem Sender zu jener Zeit verbindet, zu der dieser am ausgewählten Ort ist. Es ist hilfreich, den Sender zu visualisieren und sich auszumalen, wie dieser durch seine eigenen Augen den Ort sieht und erlebt. Stellen Sie sich Ihren Geist wie ein leeres Blatt Papier vor, bereit für neue Informationen. Das Ziel ist, ruhig und annehmend zu sein, mit einer entspannten Absicht Eindrücke, die sich in Ihrem Geist bilden, zuzulassen. Lassen Sie es einfach geschehen und bemühen Sie sich nicht, die Szene zu interpretieren oder zu kontrollieren. Ein traumähnlicher Zustand funktioniert dabei besonders gut. Nach einiger Zeit machen Sie sich Notizen und Skizzen, um festzuhalten, was Sie erlebt haben.

Auswertung

Laborexperimente haben relativ komplexe und ausgeklügelte Analysen, aber Sie können die Qualität Ihrer Fernwahrnehmung durch einen simplen Vergleich der Aufzeichnungen feststellen, die Sender und Empfänger gemacht haben. Sie können erwarten, dass einige Gemeinsamkeiten zufällig sind, aber oftmals gibt es eine auffällige Übereinstimmung zwischen den Notizen des Empfängers und dem Zielort. Für eine strengere Beurteilung können Sie die Wahrnehmung mit einer Auswahl zufällig ausgesuchter Zielorte vergleichen, wovon eine die tatsächliche Szene des Senders ist. Wenn der Empfänger keine konkrete Vorstellung hat, kann er die Zusammenstellung der Zielorte beurteilen und reihen, wobei 1 jener ist, der dem angenommenen Zielort am nächsten kommt, 2 ist der zweitähnlichste und so weiter. Noch besser: Sie können auch eine unabhängige dritte Person ersuchen, die besten Übereinstimmungen festzustellen.

Wiederholung, die Grundlage guter Wissenschaft

Sie werden feststellen, dass ein Versuch ein guter erster Schritt ist. Um Vertrauen in das Ergebnis und Ihre Fähigkeit, Informationen aus der Ferne zu empfangen, zu bekommen, ist es notwendig, das Experiment zahlreiche Male zu wiederholen, natürlich jedes Mal mit einer neuen Szene. Solche Wiederholungen nennen wir in der Wissenschaft Replikation. Sie ermöglicht, tatsächliche Effekte vom Zufall und von Zufallsschwankungen zu unterscheiden.

In unseren Fernwahrnehmungsexperimenten ermöglichen Wiederholungen, eine solide statistische Auswertung zu machen und das Ausmaß des Erfolges festzustellen. Ein Beispiel: Wenn Sie fünf zufällig ausgewählte Zielorte haben (wovon nur einer richtig ist), und Sie wählen jenen auf Platz 1, der es tatsächlich war, haben Sie bei einer Wiederholung des Experiments eine Wahrscheinlichkeit von 20 Prozent, zum selben Ergebnis zu gelangen. Wenn Sie das Experiment aber mehrfach wiederholen und Sie meistens wieder die richtige Nummer 1 auswählen, wird die Wahrscheinlichkeit, dass dies Zufall war, immer kleiner. Das kann als erstes Indiz dafür gewertet werden, dass Sie die Fähigkeit einer anormalen Fernwahrnehmung besitzen.

2. Psychokinese

Psychokinese ist die Fähigkeit, Materie mental zu beeinflussen. Dies kann dadurch erfolgen, dass man daran denkt
oder es sich wünscht. Ursprünglich kommt die Bezeichnung davon, dass der Geist etwas bewegt. Wir können ge-
nereller auch von einer Geist-Materie-Interaktion sprechen,
die oft als MMI (Mind-Matter Interaction) abgekürzt wird.
Man kann auch hier ein Selbstexperiment machen, allerdings ist es schwierig, dieses zu überprüfen und glaubhaft
zu beurteilen.

Ein allgemeines, simples Experiment ist, aus einem Papier
ein kleines Papierzelt zu machen, indem man es so faltet,
dass es einen Punkt in der Mitte hat. Das kann auf einer
Nadel balanciert werden, die in einem Korken (oder einem
Radiergummi) steckt, was es zu einem sensitiven Ziel für
Psychokinese macht. Sie können nun mit Ihren Gedanken,
Ihrer Intention, versuchen es dazu zu bringen, dass es sich
dreht. Sie werden feststellen, dass selbst leichte Luftzüge
das Papierzelt bereits beeinflussen können. Um bessere Ergebnisse zu erzielen sollte die Versuchsanordnung vor solchen Einflüssen geschützt sein, indem Sie zum Beispiel eine
große durchsichtige Glasschüssel darüber geben.

Eine weitere Möglichkeit ist, einen Würfel zu nehmen, den
Sie oftmals werfen können mit dem Ziel, bestimmte Num-
mern häufiger zu bekommen als der Zufall erwarten lassen

würde. Am besten ist, Sie lassen einen Freund die Aufzeichnungen dazu machen, damit Sie sich ausschließlich auf den Würfel konzentrieren können. Wenn Sie sich beispielsweise auf die Vier konzentrieren und Sie bei 60 Würfen 15 Mal eine Vier bekommen, so liegt das deutlich über der Wahrscheinlichkeit, die das nur 10 Mal erwarten lassen würde. Denn die Erwartung ist nur eine Vier bei sechs Würfen (weil der Würfel sechs Seiten und daher sechs Möglichkeiten hat). Wenn Sie 600 Mal würfeln, und statt 100 Vieren 120 bekommen, so ist das Ergebnis aussagekräftig.

Ein noch schnelleres Experiment ist, wenn Sie würfeln und sich auf gleiche Ergebnisse in Serie konzentrieren. Wenn beispielsweise eine Vier dreimal hintereinander kommt, so ist die Wahrscheinlichkeit dafür 1/6 x 1/6 x 1/6, also 1 zu 216.

Hier finden Sie einen Link zu einem automatischen Würfelversuch mit statistischer Auswertung:
https://academo.org/demos/dice-roll-statistics

Einen formalen Online-Test, der einen echten Zufallsgenerator verwendet, zur Verfügung gestellt vom Wissenschaftler John Walker, finden Sie mit anderen Experimenten und statistischem Feedback hier:
http://www.fourmilab.ch/rpkp/

3. Meditation

Grundlage für viele Experimente ist Meditation. Es ist eines der besten Rituale, die Sie für sich selbst praktizieren können. Meditation ist gut für Ihren Geist, Ihren Körper, Ihre Seele, wie auch immer Sie es nennen. Menschen, die meditieren, so haben tausende Experimente über mehrere Jahrzente gezeigt, haben größere Fähigkeiten, ihre Intention einzusetzen. Sie finden leichter Zugang zum globalen Bewusstsein.

Es gibt verschiedenste Formen der Meditation, Sie müssen also jene finden, die Ihnen am besten entspricht. Anfangs ist es immer gut mit einem Lehrer zu arbeiten, aber Sie können sich auch aus Büchern oder dem Internet informieren oder sich mit Menschen austauschen, die Meditation schon länger praktizieren. Hier einige erste Grundlagen dazu:

Manchmal beschreiben Menschen Meditation als »nur sitzen«. Tatsächlich ist sitzen eine gute Möglichkeit, ob am Boden im Schneidersitz oder auf einem Stuhl. Sie sollten eine komfortable Position suchen, wo Ihr Rücken gerade ist, nicht steif, aber vertikal, so dass Ihre Wirbelsäule ihre natürliche Position einnimmt. Der nächste wichtige Punkt ist Ihre Atmung. Die einfachste und sehr effektive Meditationstechnik ist die Konzentration auf Ihre Atmung, also die Art, wie Sie ein- und ausatmen. Sie können auch zu sich selbst gedanklich sagen: »Ich atme ein. Ich atme aus. Ich atme ein.« Und so weiter.

Das generelle Ziel der Meditation ist ruhig und entspannt zu werden, aufzuhören zu denken, speziell über die vielen Dinge, die uns belasten. Man muss bedenken, dass Meditation keinen besonderen Aufwand verlangt. Speziell wenn Sie Konzentrationsschwierigkeiten haben, hilft Ihnen die meditative Übung. Vielen Leuten reicht dabei die kontinuierliche Atmung oder die Wiederholung einfacher Mantras (wie »One ... one ... one ...« oder »Eins ... eins ... eins«), um in einen meditativen Zustand zu gelangen. Ich verwende eine Phrase, die ich von Thích Nhất Hạnh gelernt habe: »Beim Einatmen beruhige ich meinen Körper. Beim Ausatmen lächle ich.«

Hier ist eine simple Anleitung zum Meditieren, basierend auf einem Rezept meines Freundes Stephan Schwartz:

- Wählen Sie eine Zeit und einen Ort, der ruhig und bequem ist und wo Sie ungestört sind.
- Wählen Sie eine Phrase, die bedeutsam ist. Behalten Sie diese für sich. Verwenden Sie sie jedes Mal, wenn Sie meditieren.
- Sagen Sie die Phrase zweimal, dann warten Sie. Wenn Gedanken kommen, dann akzeptieren Sie diese, wenn Sie wichtig erscheinen im Zusammenhang mit Ihrer Phrase. Wenn sie abweichen davon, stoppen Sie, atmen Sie tief ein und dann sagen Sie Ihre Phrase wieder zweimal.
- Wiederholen Sie dies für zwanzig Minuten.

Waren Sie bei den angeführten Experimenten, speziell was Fernwahrnehmung und Psychokinese betrifft, erfolgreich? Dann schreiben Sie mir, ich würde gerne mehr davon erfahren. Senden Sie mir ein E-Mail an: weltgeist@ooom.com

Das von meinem Co-Autor Georg Kindel als Herausgeber verlegte Magazin OOOM, das in Österreich, Deutschland und der Schweiz im Zeitschriftenhandel erhältlich ist, und das immer wieder über Inspiration und Spiritualität berichtet, wird auf den Websites www.ooom.com und www.ooomstories.com regelmäßig über die faszinierendsten Ergebnisse dieser Experimente berichten. Das Magazin selbst können Sie unter www.ooom.com/digital/e-magazine kostenlos lesen.

Aktuelles vom *Global Consciousness Project* finden Sie online unter:
http://noosphere.princeton.edu oder *http://global-mind.org*

DAS ZEITALTER DER LIEBE

Die Zukunft heißt Sympathie, Empathie und Liebe

Wie wir unser Leben positiv verändern können

»Es gibt nur drei Dinge, die im Leben wichtig sind:
Mitgefühl, Mitgefühl und Mitgefühl.«
– Dalai Lama

Unsere Präsenz, unser Denken, unsere mentalen Prozesse, unsere Emotionen haben eine Auswirkung auf die Welt um uns. Wie wir uns in dieser Welt verhalten, beeinflusst nicht nur unser Umfeld und andere Lebewesen, sondern letztendlich auch das globale Bewusstsein.

In der mechanistischen Weltsicht geht es um Wettbewerb, der auch die Grundlage für Charles Darwins *Survival of the Fittest* ist, das Überleben der am besten angepassten Individuen. Einer steht dabei über allen.

Doch diese Weltsicht des grenzenlosen Wettbewerbs ist überholt. Sie verursacht zahlreiche Probleme, viele Unvereinbarkeiten und negative Effekte. Sehen Sie sich um in der Welt, wohin uns das in den letzten Jahrzehnten gebracht hat.

Dieses alte Konzept wird auf einem Level der fortschrittlichen Biologie ersetzt von einem neuen: »Was in Zukunft zählt ist nicht Wettbewerb, sondern Zusammenarbeit«, weiß der Wissenschaftsphilosoph und Systemtheoretiker Ervin László. Wettbewerb kann das Gerüst der Zusammenarbeit sein, das relative Vorteile schafft, doch Fähigkeiten werden zum Teil eines kooperativen Systems. »Es ist ein neues, ganzheitliches, holistisches Konzept, wo wir in Harmonie zusammenleben, uns verbinden und gemeinsam ein zusammenhängendes System schaffen, das zum Schlüsselfaktor des täglichen Lebens wird«, ist László überzeugt.

Wir sehen das speziell bei jungen Menschen, die heute ein gänzlich anderes Verständnis des Lebens haben als die letzten Generationen. Noch in den 1980er- und 1990er-Jahren zählten nur bedingungsloser Einsatz, Schnelligkeit und zum Teil auch Skrupellosigkeit, um im Job weiterzukommen. Man war gewohnt Tag und wenn notwendig auch nachts bis an die Grenzen der Erschöpfung zu arbeiten. Junge Menschen heute sprechen nicht mehr nur von Karriere, sondern von Selbstverwirklichung, Idealismus, dem Streben, etwas zu tun, was Sinn macht und diese Welt zum Positiven verändern kann.

Achtsamkeit ist wichtiger als das Survival of the Fittest

Achtsamkeit wurde zu einem Schlüsselfaktor des modernen Lebens. Wir achten auf uns, auf unsere Umgebung, auf unsere Welt. Wir entwickeln uns weiter, wir versuchen zu uns selbst zu finden, wir suchen Motivation in der Inspiration.

Wir fangen bei uns selbst an, wenn wir die Welt verändern wollen – und das ist wichtig und richtig.

Bewusstsein gibt uns die Freiheit, Fehler zu machen. Bewusstsein ermöglicht uns, Beweise falsch zu interpretieren und eine falsche Vorstellung der Welt – und von uns selbst in dieser Welt – zu haben. Gerade in der Politik, speziell in den USA, sieht man dies derzeit sehr deutlich. Diese Fehler müssen wir korrigieren, wenn wir unsere Welt zu einer besseren machen wollen. Bewusstsein gibt uns auch die Möglichkeit, lebensbejahende Entscheidungen zu treffen.

In dreißig Jahren werden wir auf eine Zeit zurückblicken, die künftige Generationen nicht mehr verstehen werden. Eine Zeit, in der der Mensch tagtäglich Millionen Tiere aus keinem anderen Grund zur Welt gebracht hat, als sie zu töten. Man wird sich fragen: Waren wir wirklich solche Barbaren? Wir werden bis dahin verstanden haben, wie ein »gutes Leben« tatsächlich aussieht, welche Werte wesentlich sind und wie wir andere Lebewesen mit Respekt behandeln.

Ich glaube an das Positive im Menschen. Ich glaube an eine Welt, wo Empathie, Mitgefühl und Liebe zu den einzigen Faktoren zählen, die wirklich Relevanz haben.

Wenn Palliativmediziner Menschen auf ihrem letzten Weg begleiten, egal ob Generaldirektor oder einfacher Arbeiter, so sind Erfolg im Beruf, Karriere oder Aufstieg nie Themen, die an der Schwelle des Todes auch nur irgendeine Bedeutung haben. Menschen bereuen vielmehr, zu wenig Zeit mit ihren Liebsten verbracht, zu wenige ihrer Träume verwirklicht und zu wenig Freiraum für sich selbst gefunden zu haben. Letztendlich ist es die Liebe, die am Ende unseres Lebens wirklich zählt.

Erfreulicherweise entwickeln immer mehr Menschen ein tieferes Verständnis für diese wichtigen Elemente in unserem Leben. Speziell auch junge Menschen erkennen, welche Werte im Leben tatsächlich wesentlich sind.

Wir sind keine Individuen, die um ihr Überleben kämpfen müssen, wie das vor tausenden von Jahren vielleicht noch der Fall war. Wir sind Menschen, die alle miteinander verbunden sind, die sich wechselseitig in ihrem Tun, in ihrem Denken und in ihren Handlungen beeinflussen. Wir sind Lebewesen, die ein fundamentales globales Bewusstsein verbindet. Das ist die wunderbare Erkenntnis, die wir gewonnen haben und die jeder von uns nützen kann.

Wir müssen lernen lachend durch diese Welt zu gehen. Denn dieses Lachen steckt an. Verantwortlich sind Spiegelneuronen, wie Neurophysiologen wissen, die duplizieren, was wir bei anderen Menschen sehen. Das ist nicht nur ein oberflächlicher Effekt. Wenn uns Menschen anlachen, lachen wir nicht nur zurück, es erfüllt uns auch ein Gefühl tiefer Freude, das hinter dem Lächeln steckt. »Wir können als Gruppe mit unseren Gedanken alles beeinflussen«, weiß Bestsellerautorin Lynne McTaggart, »von einzelnen Zellen bis zum ganzen Menschen.«

Dasselbe gilt für Traurigkeit und Sorgen. Wir sind einfühlsame, empathische Wesen, wenn wir mit anderen in Kontakt sind, und das ist gut so. »Nächstenliebe ist nicht nur im Umgang mit anderen Menschen wichtig«, sagt Mc-

Taggart, »sondern nutzt uns auch selbst: Die Forschung belegt, dass Menschen, die sich selbstlos für andere einsetzen, länger leben, gesünder und glücklicher sind.«

Je mehr wir uns heute mit der fernöstlichen Philosophie und Wissenschaft beschäftigen, desto mehr Erkenntnisse erlangen wir, die zeigen, dass wir unsere Sicht der Welt grundlegend überdenken müssen. Vieles, was in China, Japan und anderen Teilen Asiens seit Jahrtausenden gelehrt wird, scheint wahr und immer mehr verifizierbar zu sein. Doch wir sind erst am Anfang, dieses unglaubliche Wissen zu verstehen und haben nur die ersten elementaren Aspekte dieses Weltbilds verstanden.

Versucht man die Grundlagen der fernöstlichen Weisheiten und alter Texte genauer zu begreifen, so stößt man immer wieder auf mystische Vereinigungserfahrungen, wo Menschen sich als Teil des gesamten Universums erleben. Diese Berichte lassen darauf schließen, dass das Universum kein bedeutungsloses Objekt ist, wie wir das in der westlichen Welt immer noch behaupten, sondern dass das gesamte Universum von Sinn und Bedeutung durchzogen ist.

Es ist durchtränkt von Bewusstsein. Bewusstsein findet sich überall. In unserem westlichen Weltbild glauben viele, dass Bewusstsein im Gehirn erzeugt wird, im fernöstlichen ist das Bewusstsein aber gleichzusetzen mit dem gesamten Universum.

Wir sind Teil dieses Universums, das in seiner fundamentalen Beschreibung eins ist. Das globale Bewusstsein ist eine Manifestation unserer fundamentalen Verbindung mit dem

Universum. Durch positive Gedanken können wir nicht nur unsere direkte Umwelt beeinflussen, sondern eben auch das Universum. Ob Liebe, Mitgefühl oder Einfühlungsvermögen – das alles verbindet uns.

Gerade in einer Zeit, wo Führer von Nationen wieder Mauern errichten wollen, wo Wahlsprüche wie »America First« oder »Deutschland den Deutschen« zum Leitbild von Nationen werden, wo wir oft nicht einmal unsere Nachbarn verstehen, wo neue Feindbilder bewusst erzeugt und Hass geschürt werden, müssen wir uns bewusst sein, dass dies der falsche Weg ist. Daraus entstehen Konflikte und Kriege und eine Welt, die keiner von uns haben will.

Doch ich bin ein grenzenloser Optimist. Ich glaube an das Gute im Menschen und in der Welt.

Es gibt ein Band, das uns alle verbindet. Es ist das globale Bewusstsein, der Welt-Geist. Dieses Bewusstsein ist überall. In jedem Teilchen, in jedem Lebewesen, in jedem Individuum.

Und wir können dieses globale Bewusstsein nutzen. Intention wie wir sie in diesem Buch in allen möglichen Ausprägungen beschrieben haben, kann eine unglaubliche Kraft erzeugen. Achtsamkeit ist der Schlüssel. Sagen Sie dem Universum ganz genau, was Sie ändern oder beeinflussen wollen. Visualisieren Sie es und konzentrieren Sie sich darauf.

Was auch immer in der Welt erscheint, in Raum und Zeit, es ist durchströmt von Bewusstsein.

Wenn uns das bewusst ist, wird unsere Welt zu einer anderen.

»Mitakuye Oyasin« – We Are All Connected

*– Von den Lakota-Indianern, eine Anrufung
am Ende eines jeden Morgengebets.*

QUELLEN

1 The New York Times, 13.01.2018, «Hawaii Panics After Alert About Incoming Missile Is Sent in Error«; Adam Nagourney, David E. Sanger, Johanna Barr

2 The New York Times, 13.01.2018, «Hawaii Panics After Alert About Incoming Missile Is Sent in Error«; Adam Nagourney, David E. Sanger, Johanna Barr

3 The New York Times, 13.01.2018, «Hawaii Panics After Alert About Incoming Missile Is Sent in Error«; Adam Nagourney, David E. Sanger, Johanna Barr

4 Bibliographisches Institut GmbH, Mecklenburgische Straße 53, D-14197 Berlin; Lernhelfer, Schülerlexikon, »Magnetfeld der Erde«, www.lernhelfer.de

5 V&R unipress GmbH, Göttingen, Robert-Bosch-Breite 6, D-37079 Göttingen; »Das Unsterblichkeitsproblem: Grundannahmen und Voraussetzungen«; Gerda Lier

6 Newsweek, 10.02.2018, »Where Do You Go When You Die? The Increasing Signs That Human Consciousness Remains After Death«; Kastalia Medrano

7 Newsweek, 10.02.2018, »Where Do You Go When You Die? The Increasing Signs That Human Consciousness Remains After Death«; Kastalia Medrano

8 The Royal Society Publishing, Open Biology, 25.01.2017, «Tracing the dynamics of gene transcripts after organismal death«; Alex E. Pozhitkov, Rafik Neme, Tomislav Domazet-Lošo, Brian G. Leroux, Shivani Soni, Diethard Tautz, Peter A. Noble

9 Cambridge University Press, Canadian Journal of Neurological Sciences, März 2017; Electroencephalographic Recordings During Withdrawal of Life-Sustaining Therapy Until 30 Minutes After Declaration of Death«; Loretta Norton, Raechelle M. Gibson, Teneille Gofton, Carolyn Benson

10 Newsweek, 10.02.2018, »Where Do You Go When You Die? The Increasing Signs That Human Consciousness Remains After Death«; Kastalia Medrano

11 Science, 13.02.2018, »Changes in gene activity may one day reveal the time of death for crime victims«; Elizabeth Pennisi

12 Pim van Lommel, Thanatos TV, »Bewusstsein kann auch außerhalb des Körpers bestehen«, pimvanlommel.nl

13 Max Planck, »... denn die Materie bestünde ohne den Geist überhaupt nicht«, YouTube-Video

14 Verlag Germania-Com GmbH, »Was ist Bewusstsein?«, Adnan
   Sattar

15 »Das bewusste Universum«, Amit Goswami

16 Arch. Intern. Med. 168, 21; Nov. 24, 2008;
   www.archinternmed.com

17 Aquamarin Verlag, »Reinkarnationsbeweise«, Ian Stevenson;
   Daphne von Unruh, Buchrezension

18 Dr. Ian Stevenson, Vortrag, Jordan Hall Auditorium, University of
   Virginia: »Scientific Evidence for Reincarnation«

19 Dr. Ian Stevenson, Vortrag, Jordan Hall Auditorium, University of
   Virginia: »Scientific Evidence for Reincarnation«

20 Der Spiegel, 06.01.2005, »Vorahnungen: Rätselraten um den sechsten Sinn der Tiere«; Markus Becker

21 Der Spiegel, 06.01.2005, »Vorahnungen: Rätselraten um den sechsten Sinn der Tiere«; Markus Becker

22 Max-Planck-Gesellschaft, München, Tiersensoren: Erdbeobach-
   tung mit Tieren, »Frühwarnsystem der Tiere«

23 Max-Planck-Gesellschaft, München, Tiersensoren: Erdbeobach-
   tung mit Tieren, 13.02.2018, Interview mit Martin Wikelski, »In

zehn Jahren werden wir wissen, welche Tiere Naturkatastrophen
vorhersagen können«

24 »The Cambridge Declaration of Consciousness«, 07.07.2012;
Philip Low, Christof Koch, Jaak Panksepp, Diana Reiss, David
Edelman, Bruno Van Swinderen

25 Wikipedia – Die freie Enzyklopädie, »Morphisches Feld«

26 Die Zeit, 10.04.2012, »Rupert Sheldrake: Der mit dem siebten
Sinn«; Max Rauner

INDEX

JOHANNES HUBER

DER HOLISTISCHE MENSCH

Wir sind mehr
als die Summe
unserer Organe

edition a

Johannes Huber

Der holistische Mensch

Wir sind mehr als die Summe unserer Organe

Forschungen zeigen, dass Körper, Geist und Seele ein komplexes System bilden, das mit anderen komplexen Systemen kommuniziert. Es entsteht ein neues, ein holistisches Menschenbild. Der renommierte Arzt Prof. DDr. Johannes Huber erklärt auf Basis von Quantenphysik, Epigenetik und moderner Medizin einfach und leicht verständlich, warum wir mehr sind, als wir denken, warum Heilung aus anderen Quellen kommen kann, als wir bisher wussten, und warum es weder Schicksal noch Zufall gibt.

ISBN 978-3-99001-230-7

336 Seiten, EUR 24,90